Editionen für den Literaturunterricht
Herausgeber: Dietrich Steinbach

Der deutsche Faschismus in seiner Lyrik

mit Materialien

Auswahl der Texte und der Materialien
von Harro Zimmermann

Ernst Klett Verlag

[ ] Vom Herausgeber eingesetzte Titel.

* Vom Herausgeber eingesetzte Fußnoten.

1. Auflage 1 7 6 5 3 | 1992 91 90 89 88
Alle Drucke dieser Auflage können im Unterricht nebeneinander verwendet werden, sie sind untereinander unverändert. Die letzte Zahl bezeichnet das Jahr dieses Druckes.

Umschlag: Zembsch' Werkstatt, München.
Fotosatz: Setzerei Lihs, Ludwigsburg
Druck: Ludwig Auer GmbH, Donauwörth
ISBN 3-12-351350-5

Inhaltsverzeichnis

Vorwort

Eine aus gesicherten Ergebnissen literaturwissenschaftlicher Forschung gewonnene Anthologie faschistischer Lyrik gibt es bislang nicht. Man wird einräumen müssen, daß es sie beim derzeitigen Arbeitsstand der Fachdisziplin auch noch nicht geben kann. Denn nationalsozialistische Lyrik ist bis in die sechziger Jahre hinein als niveaulos und epigonal gescholten und damit an den Rand des Forschungsinteresses gedrängt worden.

Gegenüber den noch recht vagen Ergebnissen älterer Untersuchungen ist es das Ziel neuerer Studien, den vielfach belegten Ästhetizismus faschistischer Lyrik im gesellschaftlich-politischen Kontext zu bestimmen, und zwar als Versuch, das krisenhafte Alltagsbewußtsein unterdrückter Massen in der Scheinhaftigkeit von Kunstwerken auszugleichen und aufzuheben. Demnach hat der Faschismus unter anderem seine Massenbasis auch gerade darin gewonnen und befestigt, daß es ihm gelungen ist, die soziale und psychische Unterdrückung der Menschen in poetischen Wunschbildern zu überhöhen und zu entlasten. Den Angst- und Sinnlosigkeitsgefühlen, die angesichts von Krieg, Nachkrieg und Weltwirtschaftskrise aufgekommen waren, hielt die faschistische Politik das Gaukelspiel des Grandiosen, des schönen Scheins von Macht und Herrlichkeit eines nationalen Kollektivs entgegen: in Aufmärschen, Feiern, Appellen, Heldengedenktagen, Parteitagen, Brauchtumsfesten. Solche Gemeinschaftsveranstaltungen wurden als Befreiung erlebt, und darin bestand das Faszinierende der faschistischen Politik für die unpolitischen Massen.

In eben diesen Verwendungszusammenhängen hatte auch faschistische Lyrik ihre öffentliche Rolle zu spielen. Sie ließ in die Krise geratene Lebensformen und Sinndeutungen wie Arbeitsverhältnisse, Familie, persönliches Wertbewußtsein, Religiosität, soziale, politische und nationale Identität in vielfältigen Glanzlichtern neu erstrahlen. Diese

Lyrik nahm sich zwar solcher Alltagsprobleme an, wollte und konnte aber nicht mehr als die scheinhafte Befreiung aus ihnen versprechen. Ihr eigentliches Ziel war es, den Menschen die wirkliche Erfahrung ihrer Lebensumstände zu nehmen und sie auf einen vorgegebenen ideologischen Verständigungshorizont einzuschwören, der unausweichlich zu Krieg und Barbarei führen mußte.

Um solcher Interessen willen hat faschistische Lyrik alle ihr verfügbaren Register der wirkungsästhetischen Suggestion und Manipulation gezogen. Eine beispiellose Ausbeutung älterer Literaturtraditionen war die Folge. Nationalsozialistische Lyrik nutzt vielfältig erprobte Gattungsangebote wie z. B. die Liedform, die Hymne, die Ode, den Chorgesang, sie beutet Ausdrucksmuster des Expressionismus, der Neuromantik, der Arbeiterdichtung aus und wechselt zwischen unverblümt drastischen, elegisch-sentimentalen, dabei oft sehr hochgestochenen Motiv- und Rhetorikmustern. All dies wird instrumentalisiert im Hinblick auf das Ziel, die brutale Machtbesessenheit mit dem Glorienschein eines sinnvollen Lebens in der Volksgemeinschaft zu umgeben.

Die Auswahl aus der nach 1933 massenhaft verbreiteten faschistischen Lyrik ist so getroffen worden, daß sie die Verknüpfung nationalsozialistischer Ideologie mit der Zeit um und nach dem Ersten Weltkrieg dokumentiert, aus deren Zusammenhang die revanchistischen und antimarxistischen Einstellungen erklärbar sind. Des weiteren sollten einige zentrale Motive des faschistischen Gemeinschaftsverständnisses deutlich werden, die die Politisierung des Alltagslebens veranschaulichen können. Und schließlich sollte sich abzeichnen, wie in der Verehrung von Gehorsam, Strenge, Führer- und Soldatentum die Zurüstung für die geplante faschistische Aggression ihren Ausdruck fand. Die nationalsozialistische Kriegslyrik stellt nur die auf die Spitze getriebene Form der Verherrlichung von Untertanentugenden und Hingabebereitschaft dar.

Zu guter Letzt soll dem Leser nicht verschwiegen werden, daß die verlegerische Realisierung dieser Anthologie ihrerseits ein kleines Politikum geworden ist. Nicht wenige der noch lebenden, um eine Nachdruckerlaubnis gebetenen Autoren haben dies mit Entschiedenheit abgelehnt. Daß der jeweilige Text bereits vor 1933 einmal gedruckt worden sei und daher mit dem Nationalsozialismus nichts zu tun habe, daß man niemals Mitglied der NSDAP gewesen, oder damals gar nicht um eine Nachdruckerlaubnis gefragt, daß der Text von Nazi-Zensurgewaltigen entstellt worden sei, man selbst aber immer zu den ›unliebsamen‹, ja auf der Seite des kleinen Mannes stehenden Autoren gehört habe; dies sind heute die Standardargumente derer, die ehemals das nationalsozialistische ›Schrifttum‹ getragen oder auf ihre Weise unterstützt haben. Nun läßt sich zwar heute nicht mit Bestimmtheit behaupten, daß die damals häufig nachgedruckten Gedichte aus der Zeit vor 1933 wirklich mit Einwilligung der betroffenen Autoren wiederveröffentlicht worden sind. Doch selbst wenn man hierüber im Zweifel bleiben muß, so zeigt sich doch, wie sehr ihre Ideologie der faschistischen Kulturdoktrin entgegengekommen ist. Die nationalsozialistischen Herausgeber solcher älteren Gedichte wußten jedenfalls sehr genau, welche Texte auch noch nach 1933 ›nationalpolitische‹ Bedeutung besaßen. Ohne Zweifel läßt sich aus all dem aber auch schließen, wie bedenkenlos die damaligen Kulturverantwortlichen mit geistigem Eigentum umgegangen sein müssen.

I. Der Auftrag des Dichters

Otto Fersch: Dichter?

Man hat uns dieses Wort
zerkaut, zerredet,
die Dichter –
ließens sich gefallen.
Denn sie hockten
in den Stuben,
flohen den Kampf,
und mieden das Leben.

Das Wort
hat keinen guten Klang,
blechern – hohl!
Also weg damit!

Das ist ein Dichter:
der im Volke steht
und in die Hände spuckt
und anpackt
und nach der Arbeit
seine Brüder ruft
und sie begeistert
und sie hinführt
zur Gemeinschaft.

Dichter sein:
Rufer –
Kämpfer –
Soldat –
Führer! *(1935)*

Hermann Burte: Einem Dichter

Dichter gib dem Volk in Not
Keine Blenden, keine Pillen,
Keine Steine, gib ihm Brot
Klaren Wein und wahren Willen!

Hilf dem eingeborenen Blut
Heim zu seiner eigenen Seele!
Mut verleih den Matten, Mut,
Was sie brauchen, sind Befehle!

Taugen sie, so gib im Tausch
Für das willige Begegnen
Ihnen hellen heiligen Rausch!
Und der Himmel wird euch segnen! *(1939)*

Heinrich Anacker: Werkfreude

Für dich, mein Volk, zu schaffen
Mit emsigem Hammerschlag,
Und mit funkelnden Geisteswaffen,
Tag für Tag,

Das gibt uns die wahre Stärke,
Das gibt uns den weiten Schwung,
Läßt wachsen und reifen die Werke
Aus hoher Begeisterung.

So sind wir nicht länger Verdammte
Der einsamen Eigensucht;
So sind wir gemeinsam Entflammte,
Und tragen für alle Frucht.

Wenn wir die Hände uns geben,
Sind wir im Dienen gleich.
Für dich, mein Volk, zu leben –
Wie macht das von Herzen reich! *(1936)*

II. Geschichtliches Erbe und nationale Erhebung

Otto Fersch: Das Erbe

Damals – 1914 –
mitten in der Ernte,
als der Feind
ins Land brach,
und die Heimat aufstand vom Tisch,
mit einem Gebet auf den Lippen
und zur Waffe griff –
da durften wir Jungen nicht mit,
denn das Schicksal
wollte es anders.

Krieg und Revolte,
Hunger und Not
mußten über uns kommen,
denn so wollte es der Himmel.

Und als wir kämpften
in der braunen Armee,
ohne Waffen –
nur unser glühendes Herz
in der Faust,
das wir den Feinden zeigten
und das sie bespien,
ja aus den Händen reißen wollten,
da wurden wir hart!

Einer
gab uns das Ziel:
Hitler!
Ihr tragt das Erbe der Front
in euch,
haltet es heilig,

denn einmal
werden Millionen,
die bluteten
für Deutschland,
euch nach dem Vermächtnis
der Front fragen.
Und das Erbe heißt:
Kampf!
Das ist euer Los!
Und so hats euch
der Herrgott bestimmt. *(1935)*

Heinrich Anacker: Gegen Versailles!

Wir haben vierzehn Jahre lang
Gefront, mit der Knute geknechtet –
Nun dröhnen die Trommeln die Straßen entlang:
Steht auf, die der Erbfeind entrechtet!

Es mästen sich lachend im Pfuhl zu Paris
Die Schmarotzer von unserm Tribute,
Und schwelgen in ihrem Goldparadies,
Das erkauft ist mit unserem Blute.

Es rührt die Not unsrer Mütter sie nicht,
Noch der Kinder erschütternde Klage –
Mit haßverzerrtem Shylockgesicht[1]
Bestehn sie auf ihrem Vertrage.

Wir aber wollen und wollen nicht mehr –
Zerreißt das Papier unsrer Schande!
Lawinengleich wächst unser Widerstandsheer
Vom Inn bis zum nordischen Strande.

Wir trugen vierzehn Jahre lang das Joch –
Nur Ketten noch sind zu verlieren ...
Die Fäuste geballt, und die Fahne hoch:
Wir marschieren, marschieren, marschieren! *(1934)*

---

(1)* Shylock: literarische Figur des bösen Geldjuden.

Herybert Menzel: Die schweigenden Mahner

Sie sind gefallen bei Langemarck[2],
Sie sind gefallen im Kampf um die Straßen.
Die Fahnen wehen, das Reich steht stark,
Stark sind die Völker, die nie ihre Toten vergaßen.

Nicht mit Trauern und Klagen
Werden wir uns bekennen.
Ihre Liebe zu Deutschland
Muß in uns weiterbrennen.
Mütter, ihr sollt euren Kindern
Stolz ihre Namen nennen.
Väter, an eurer Art
Wollen wir ihr Vorbild erkennen.

Jeder soll sein wie sie,
Immer zum Opfer bereit.
Jeder soll kämpfen wie sie
Für Deutschlands Unsterblichkeit.
Keiner soll klagen dürfen,
Denn er hat mehr noch zu geben.
Vor ihrem Sterben schweig still
Jedes ruhmvolle Leben. *(1936)*

Martin Damß: Den Brüdern

Ihr, in den Gräbern vor Ypern und Langemarck,
Brüder des Blutes, ewig blühend und stark,
Ihr, in Rußlands Erde, in Felsensärgen und Meeresschlamm,
Ewig lebend in Eures Volkes heiligem Stamm,

---

(2)* Ort in Westflandern; hier fand im November 1914 ein selbstmörderischer Ansturm deutscher Freiwilligenregimenter statt.

Wir reichen Euch still und ohne Klage die Hand,
Uns trennt nicht die Zeit, uns trennen nicht Meer und Land,
Nicht Leben und Tod. Unsre Trauer ist schweigend und hart
Wie das Erz unsrer Berge. Wir sind Eure Gegenwart.

Wir sind Euer Leben und Eure Ewigkeit,
Wir haben Euch unsre Herzen als Kirchen und Glocken geweiht,
In denen flackernd die Kerzen der Andacht brennen
Und bronzene Stimmen Eure verwehten Namen nennen.

Wir wissen um Euer letztes heißes Gebet,
Das Ihr gestammelt und in die zerfurchte Erde gefleht,
Wenn die Granaten wie singende Schwalben kamen,
Zugvögel des Todes, die Euch in fremde Reiche nahmen,
Wenn das gärende Gas Eure Hirne und Lungen zerfraß,
Wir wissen um das Geheimnis, das jeder von Euch besaß,
Das nur einen Ruf und eine Sehnsucht gekannt:
Deutschland! *(1934)*

Heinrich Anacker: Die Fahnen verboten

Die Fahnen verboten,
Verboten das Kleid –
Es herrscht der Haß der Roten,
Es herrscht der Juden Neid.

Doch tief in den Herzen,
Da lodert die Glut.
Aufbricht aus Not und Schmerzen
Der Freiheit heil'ges Gut.

Mag Zwang uns entrechten,
Gewalt uns geschehn –
Wir wollen tapfer fechten
Für Deutschlands Auferstehn.

Die toten Kam'raden,
Sie gingen voran
Auf dornig-steilen Pfaden,
Getreu der Hitler-Fahn'.

Die Form mag verkümmern,
Der Geist bleibt sich gleich –
Aufsteigt aus Schmach und Trümmern
Das heil'ge Dritte Reich.

Zerbrechet die Ketten!
Laßt gellen den Schrei:
Nur Hitler wird uns retten!
Nur Hitler macht uns frei! *(1934)*

Heinrich Anacker: Gegen den Marxismus!

Ihr habt kein Recht, euch heulend aufzulehnen,
Nun ihr der Herren harte Peitsche spürt!
Ihr habt kein Recht, die Faust emporzudehnen –
Denn lang genug habt ihr uns irrgeführt!

Euch war vom Schicksal alle Macht gegeben,
Und mehr denn ein Jahrzehnt war euch gewährt,
Auf Trümmern stolz den Tempel zu erheben –
Habt ihr gebaut? Ihr habt geaast, gezehrt!

Nichts bringt ihr als gebrochene Versprechen:
Der Bauch war groß – der Helferwille klein ...
Wer sich vermißt, des Volkes Joch zu brechen –
Fürwahr, der muß aus andrem Geiste sein! *(1934)*

III. Vaterland und Heimat

Josef Buchhorn: Ewiges Deutschland!

Wort, das uns Glaube und das uns Gewissen,
das uns aus Not unsres Alltags gerissen,
Wort, das wie Sonne uns Leuchtkraft der Welt,
das uns als Sinn unsrer Sendung gestellt,
Wort, das uns Himmel und Erde zugleich:
Ewiges Deutschland, heiliges Reich!

Stürbe die Sonne, verblichen die Sterne,
wären verhangen so Nähe und Ferne,
Hoffnung Chimäre[3], von Enge umzwängt,
verbissen der Kampf, der Stunde bedrängt,
eins bliebe Schicksal und Wille zugleich:
Ewiges Deutschland, heiliges Reich!

Hand drum in Hand und zum Volke verschworen,
wer in das ewige Deutschland geboren,
wer in der heutigen heiligen Zeit
zum Kämpfen erkoren, zum Sterben geweiht.
Wüchs' unerträglich auch irdische Not,
höher als Leben und mehr als der Tod
bleibt, was uns Glück und Erlösung zugleich:
Ewiges Deutschland, heiliges Reich! *(1938)*

Gerhard Schumann: Deutschland

Deutschland, du heiliger Garten,
Niemals kannst du vergehn.
Solange die gläubigen zarten
Mütter hoffen und warten.
Solange des Führers Standarten
Ob deinen Söhnen wehn.

---

(3)* Trugbild.

Wenn jeder Handschlag verkündet:
Vor dir sind wir Brüder und gleich.
Wenn Herz sich dem Herzen verbündet,
Zum lebendigen Ringe sich ründet.
Wenn alles Befehlen mündet
Im demütigen Dienst fürs Reich.

Wenn im Herzen der Männer und Frauen
Immer der Dank fortblüht.
Dann wirst du dich weiterbauen.
Und ob deinen Städten und Auen
Werden leuchtende Frühlinge blauen,
Von Ewigkeit überglüht. *(1940)*

Karl von Berlepsch: Hymnus

Nun ist wieder gut
zu leben in Deutschland!
Nun reden die Bäume,
nun läuten die Bronnen[4],
nun klingt es von Liedern:
Frei sind wir, frei!
An Haupt und Gliedern
geweckt und gewonnen:
Volk, Wunder und Träume. –

Nun schwingt die Erde
vom Schritt der Scharen,
nun lachen die Taten:
Frei sind wir, frei!
Wir greifen zum Spaten,
zu Werk und Bewahren
am heiligen Herde!

---

(4)* dichterisches Wort für ›Brunnen‹.

Wer war der Rufer?
Wer sprach zu den Quellen:
Ihr sollt wieder rauschen!
Wer sang uns ins Blut?
Die Wälder lauschen,
es spiegeln die Wellen
das Glück der Ufer! –
Nun ist wieder gut
zu leben in Deutschland! *(1938)*

Wolfgang Hercher: Deutsch sein

Deutsch sein, heißt einsam wandern,
so ganz auf sich gestellt,
und ohne Furcht vor andern,
auch gegen eine Welt!

Deutsch sein, heißt Treue halten
bis an des Daseins Rand,
ganz unverfälscht dem alten
geliebten Vaterland!

Deutsch sein, heißt auf die Frauen
und Mädchen wie auf Gold
mit einer Ehrfurcht schauen,
die man der Mutter zollt!

Deutsch sein, heißt früh erfassen
die Macht der Gegenwart
und sich erfüllen lassen
das Herz mit deutscher Art!

Deutsch sein, heißt fest vertrauen
auf den, der Reich und Land
zur Herrlichkeit erbauen
wird recht aus Gottes Hand. *(1938)*

IV. Die Volksgemeinschaft

Ferdinand Oppenberg: Deutschland du

Immer fühl ich deine herbe Kraft,
wenn die Stürme in den Wäldern sausen,
wenn sich jeder Muskel fester strafft
und im Werk Motor und Flammen brausen.
Immer steht das Herz in deinem Bann,
höre ich die Töne deiner Lieder,
seh ich Kinder euch, dich, Weib und Mann,
seh ich Felder, Dorf und Städte wieder.
Deutschland du!

Ströme ziehen hin zum ew'gen Meer.
In den Nächten hör ich seine Wogen.
Herz, mein Herz, wie schlägst du freudeschwer.
Höher wölben sich der Brücke Bogen.
Überall in Stadt und Dorf und Land
hör ich Sichelschnitt und Amboß klingen,
sehe Hirn und Geist und Faust und Hand
unerbittlich mit dem Schicksal ringen.
Deutschland du!

Aus den Öfen flammt die rote Glut.
Hell vom Schein der Essen[5] sind die Nächte.
In den Adern, Brüder, klopft das gleiche Blut.
Wir erschlugen Herren und auch Knechte.
Schaffer seh ich rings im Ährenfeld,
Schaffer in Fabriken und Kontoren,
Schaffer werken, wo der Hammer fällt –.
Volk, mein Volk, du wurdest neu geboren.
Deutschland du! *(1936)*

(5)* Schornsteine.

Heinrich Anacker: Singe, mein Volk!

Singe, mein Volk!
Im Klange der Lieder
Steigt die verschüttete Seele dir wieder
Hell wie ein Quell aus verborgenem Grunde.
Tausendfach blüht dir ein Frühling vom Munde.
Singe, singe, mein Volk!

Singe, mein Volk,
Die Heldengesänge,
Hart wie Fanfaren- und Trommelklänge!
Singe das Lied von der ewigen Erde,
Singe von Liebe am heimischen Herde –
Singe, singe, mein Volk!

Singe, mein Volk,
Von Treue und Tugend,
Singe die jauchzenden Lieder der Jugend!
Lasse, daß jubelnd der Letzte es höre,
Brausen der Zukunft gewaltige Chöre!
Singe, singe, mein Volk! *(1936)*

Herbert Böhme: Das aber ist das Köstlichste am Leben

Das aber ist das Köstlichste am Leben,
in einem andern völlig aufzugehen,
daß nichts mehr bleibt und doch wie wundersam –
man zwiefach stark und treu sich wiederfindet.
So aber wandelt euch in dies Geheimnis: Du!

Nehmt aber dann zu solcher Einheit, stolz
das Vaterland als neues Ziel zu setzen,
zu ihm vereint und gläubig hinzustreben
in Liebe, Treue und gewollter Pflicht.
So wandelt euch in das Geheimnis: Wir!

Es bindet alle uns in das Gesetz
des Blutes, und wir leben im Befehl,
wo wir's kaum ahnen, also wie im Acker
die Saat, und werden fruchtbar sein und
auferstehn in einer Tat, die tapfer wir vollbracht,
in einem Baum, den wir mit Fleiß gepflanzt,
in einem Kind.
So wandelt euch in dies Geheimnis: Gott! *(1940)*

Hans Friedrich Blunck: Aufforderung

Jetzt, wo die Not uns tiefer brennt denn je,
Schließ dich an mich, du Bruder mein im Weh,
Faß meine Hand, du Schwester mein im Klagen,
Fühlt ihr das Blut im Kreis? Es ist *ein* Schlagen!

Denn eitel Nichts ist unsres Volkes Stammeln,
Wenn wir so einsam gehn. Ruft aus zum Sammeln,
Laßt uns zu Trommeln unsre Willen gießen,
Die dumpf den Weg hinschrein vor unsern Füßen.

Es steht in tiefster Not ein gleiches Los
Ob allen Völkern, allen Augen bloß;
Daß zwischen Schwanken, Hoffen und Verdämmern
Jähauf das Schicksal ruft, die Tat zu hämmern. *(1937)*

Ernst Walter: Jeder steh auf seinem Posten

Jeder steh auf seinem Posten,
sei es wo es immer sei!
Seine Kraft darf nicht verrosten,
was er schafft ist einerlei!

Ich gehöre zu den Vielen –
und es zeichnen hart und dick
in der Hand sich meine Schwielen,
das ist meine Politik.

Große Politik zu treiben
ständе meinem Wissen schlecht,
Arbeit soll die meine bleiben,
und ich denk: so ist es recht.

Jeder steh auf seinem Posten,
wo er steht ist einerlei.
Nur die Kraft darf nicht verrosten –
walte Gott, daß es so sei! *(1935)*

Ernst Walter: Schrott

Ich finde,
das Gewinde
an dieser Schraube paßt nicht,
drum ist sie schlecht.
Denn will sie aus der Reihe tanzen,
so schadet sie dem großen Ganzen
und solches darf – bei Gott – nicht sein.

Zu denken hat mir das gegeben,
wie manches schon in meinem Leben.

Will einer aus der Reihe tanzen,
so schadet er dem großen Ganzen,
und solches darf – bei Gott – nicht sein!
Er darf ins Ganze nicht hinein.
Und das mit Recht.
Er fügt sich schlecht
und schließlich geht es ihm – ich glaube –
wie jener Schraube. *(1935)*

V. Liebe, Ehe und Familie

Heinrich Anacker: Wiegenspruch für einen deutschen Jungen

Ein Mann sollst du werden
Und nicht ein Wicht!
Ein Kerl sollst du werden,
Der Eisen bricht!
Kein Lauer und Halber,
Kein Kriecher und Salber,
Und keiner, der winselnd den Rücken beugt –
Nein, immer ein heißer
Kettenzerreißer,
Der mutig für Recht und Wahrheit zeugt!

Ein Mann sollst du werden
Mit Mark und Saft!
Ein Kerl sollst du werden
Voll Eigenkraft!
Den Feinden ein wacher
Kampfwidersacher,
Ein Streiter in unseres Führers Schar!
Ein Selbstbezwinger
Und Sonnenbringer,
Und den Freunden so treu, wie's dein Vater war! *(1936)*

Ruth Storm: Deutsches Wiegenlied

Es ist der Wind,
der dunkel rollt über das Meer.
Hörst du mein Kind,
wie die Welle schwer
am Strande sich bricht?

An den Grenzen
liegen Soldaten
mit weißem Gesicht;
verblutet, verraten
warten sie auf das Gericht.

Ihre leeren Augen
schauen in die Sterne;
ihre Wünsche ziehen
in die Ferne
mit dem Wind.

Hörst du mein Kind
die Welle schwer?
Dich – meint das Meer.
Du nur allein
kannst Grabhüter
deiner Väter sein. *(1934)*

Fritz Michel: Dem Kinde

Lausche den Stimmen der Ahnen,
werde im Schicksal nicht klein,
wenn es mit rauschenden Fahnen
groß und gewaltig will sein.

Wenn es mit dunklen Gewalten
über dich kommt mit Macht,
suche das Wir zu gestalten,
stoße das Ich in die Nacht.

Lerne den Nacken zu steifen,
schwinge den Hammer, faß an.
Leben heißt Kämpfen und Reifen.
Wachse zum Bruder, zum Mann!

Fruchtlos bleibt Beten und Flehen,
säest du nicht selber die Saat.
Zeichen und Wunder geschehen,
wenn du bereit bist zur Tat. *(1938)*

Wilhelm Franke: Mütterliches Haupt

Stirn, Aug und Mund
wie eine Geige
gestimmt auf den einen
dunklen Ton:
Opfer!

Kein männlich Gesicht,
das neben deinem, Mutter, besteht.
Wie der Eitle, der Harte,
der Schlaue in Nichts verweht!
Ein männliches Antlitz
hält neben deinem stand,
das heilige Bild dessen,
der im Helme blutend hinsank fürs Land.

Aber auch *sein* Haupt,
o Muttermagd,
wie ein dunkles Gestirn
versagt
vor deinem milden, warmen, silbernen Leuchten! *(1940)*

Paul Alverdes: Mutter

O meine Erde! Manchmal, wenn die Sonne
das Blut in meinen Adern gärt und ich
der Scholle hingeschmiegter, allen Tieren
nur Bruder bin, und atmend süß vertraut,
so fühl ich plötzlich, wie von dir zu mir
im dunklen Drange und zurück die schwere
und rätselhafte Woge gleichen Blutes
uns brückend überströmt, als brausten Stimmen,
die ich in Träumen meine Schwestern hieß,
und stürzten, lang entfremdend uns, die Mauer.
Dann küß ich, die mich trägt, die braune Furche,
und spreche grüßend also: Sieh, da bin ich,
der fortzuschnellen glühend ich begehrte,

Geschoß, von Wünschen steil ins All gejagt –
O meine Erde, meine liebe Erde,
es treibt, von Vatergeist ins Blut geschauert,
die Flamme namenlos mich fort zu stürmen,
doch, Springer schon auf gottgewölbten Sohlen,
begreif ich mit Entzückung eines Kindes,
daß mich auf Händen doch die Mutter wiege! *(1935)*

Ina Seidel: Der Mutter Einkehr zu sich selbst

Der Liebe, die da betteln ging,
an Berg und Baum und Strom sich hing –
die wundernd stand im Glanz und Licht
von fremdem Menschenangesicht –
der Liebe, die nicht Ruhe fand,
sich arm und leer gab Herz und Hand:
der Liebe wurde Ziel und Glück –
Glück – Glück!
Sie strömt, von Segen übervoll,
ins Herz zurück, dem sie entquoll,
ins eigne Herz zurück.

Sie ist nun alle Sehnsucht los,
kreist mir vom Herzen durch den Schoß,
sie ist nun ledig aller Flucht,
sich Blüte selbst und selbst die Frucht.
Die Welt, die ich durchdrang mit Glut,
wiegt ruhig sich in meinem Blut. *(1940)*

Bodo Schütt: Bewahrung

Es war mein Weib, zu dem ich liebend kehrte
von wilden Aufruhrs langer, böser Fahrt –
schön stand sie da, die meiner Unrast wehrte,
in aller Götter Glanz und Gegenwart.

Und durch die morgenhellen, reinen Lüfte
scholl klar ihr Wort zu meiner Söhne Sang –
doch in die Nacht barg still die Leidgeprüfte,
die viel Verlaßne ihres Grams Gedank.

Und bot mir Heil zu neuem Wanderzuge
und überm Weinkrug liebend Mund und Blick,
und aus des Schweifens ungeheurem Fluge
zog sie mein Herz zu holdem Maß zurück.

Denn Frauen wahren, und die Männer planen
und handeln blind, der Trauer unbedacht –
doch an den Gräbern rührte mich ein Ahnen,
daß Weibes Liebe unzerstörbar macht. *(1944)*

Bodo Schütt: Liebe

Mädchen, wenn er dir wiederkehrt –
er ist des Gottes
feurig Verwandelter, schwer
geht durch den lieblichen Garten
ruhlos sein Schritt wie ein Durchgang
immer zu andrer Gefahr, und verhüllt
hebt sich sein Antlitz aus Fernen
schweigend dir zu.

Mädchen, wenn du ihn hieltest
sanft mit der goldenen Schnur
zärtlicher Schwüre – mit Tränen nicht
bitterer Liebe und nicht
mit saugenden Küssen
holst du ihn ein – nimm ihn auf
still eine Weile und fülle das Herz
süß ihm mit Anmut und voll deines Hauchs
lasse ihn ziehn.

Mädchen, wenn du den Ruf erhörst
mächtigen Mundes – bewahre dich nicht,
gib für die schwächere Hand
inniger Liebe, vollende den Glanz
jener inwendigen Lust, die noch fern
Heimat entfacht – denn des Weibs
Liebe beschließt, der den Göttern sich naht
tiefer im Heil. *(1944)*

VI. Arbeiter und Bauern

Wolfram Krupka: Deutsche Arbeit

Wir stehn am Werk. Das Werk ist gut.
Es wächst uns zu aus Art und Blut.
Und Blut ist Wehr.
Wir markten nicht um Lohn und Stand.
Wir wollen nur – das Vaterland
und seine Ehr'.

So werden Amboß, Hammer, Pflug
uns zum Altar. Was Haß zerschlug,
wirkt Liebe neu.
Sind froh und stark an unserm Platz –
so haben wir der Arbeit Schatz.
Und bleiben treu.

Und Hand zu Hand, und Herz zu Herz
schließt sich der Kreis, trutzfest wie Erz:
Ein Volk, das schafft.
Wir lauschen still des Blutes Strom.
Wir bauen ernst der Arbeit Dom
aus Pflicht und Kraft. *(1935)*

Karl Bröger: Alter Arbeiter

Wenn er durch den kühlen Morgen geht,
Schief die Kappe auf ergrautem Kopf,
In zerfurchter Hand den Henkeltopf,
Und dann wartend am Fabriktor steht:
Späht er wohl noch eine kurze Weile
Forschend in die graue Straßenflucht,
Sieht Gestalten sinnlos und in Eile
Fortgerissen von versteckter Wucht,
Hört das Donnern naher Hochbahnzüge,
Das dem Tag Triumph und Wehe brüllt,
Und die *eine,* ungeheure Lüge
Seines Lebens ist ihm jäh enthüllt.

Schmerzlich fühlt er sich von seinen Taten,
Spürt er sich von seinem Werk getrennt,
Als von einem Kinde, das mißraten
Auch den eignen Vater nicht mehr kennt.
Und es wächst in ihm bezwungner Groll,
Peitscht das Blut erregter durch die Adern,
Daß er fluchen muß den grauen Quadern,
Die er heut wie je betreten soll.

Bis sein Auge, zornverdunkelt, fällt
Auf die Brücke, drüber Züge gleiten.
Da umleuchtet Glanz sein Weiterschreiten,
Und er sieht sein dunkles Los erhellt.

Hat er diese Brücke doch gebaut,
Diese eine mit noch tausend andern,
Drüber Millionen Füße wandern
Sichren Weg, dem jeder Schritt vertraut.

Um den alten Werkmann klingt ihr Tritt,
Lobgesänge kommender Geschlechter,
Die ihn preisen als bestellten Wächter,
Der mit dunklen Mächten tapfer stritt.

Und noch einmal ist er ganz durchbebt
Von den ungezählten Hammerschlägen,
Die er tat, die Brückenform zu prägen,
Selig wissend, daß er groß gelebt. *(1935)*

Erich Otto Funk: Arbeiter am Abend

Das ist das Schönste, was es gibt,
nach Tages Werk und strenger Pflicht
nach Haus zu kehren abendlich
und die zu grüßen, die man liebt.

Sich hinzugeben an das Lied
der Transmissionen und Motore,
wenn es wie Rauch vom hohen Schlote
vom Blut sich löst und leicht verzieht;

und still zu sein bei Mond und Stern,
im Garten, wo die Blumen blühn,
sich hinzulegen, auszuruhn
und stumm zu danken Gott dem Herrn. *(1935)*

Walter Dach: Der Generaldirektor

Du warst von der Roten Fahne entdeckt
als Schlemmer bei Kaviar und Sekt,
als Arbeiterfresser mit Bullengesicht,
als arbeitsscheues Dreizentnergewicht.
Zum Klassenhaß warst du die nötige Mahnung.
Pfui Teufel, hatten die eine Ahnung.

Wir wissen, das Lügenbild trifft nicht zu.
Von früh bis spät bist du ohne Ruh.
Es fiebert die Pflicht im Terminkalender,
es kabelt zu dir über Meere und Länder,
es wachsen zu Bergen die Akten sich breit,
es stehn Sekretäre zum Sprunge bereit.
Durch deine Gedanken rinnen Millionen
werksbeflügelnder Transaktionen.

Ein letztes Wort nur bleibt noch zu sagen,
weil Hunderttausende danach fragen.
Es ehrt dich die Arbeit, es ehrt dich die Last,
die du als Direktor zu tragen hast. –
Doch wird sie erst Adel von herrlichem Wert,
der all dein Schaffen um vieles vermehrt,
wenn du in der Arbeit uns nicht vergißt,
und wenn du als Führer auch Kamerad bist,
zur Seit uns marschierest in Reih und Glied
und mit uns singest ein deutsches Lied. *(1935)*

Friedrich Griese: Gesang des Säemannes

Immer nur denke ich dein, ewiges Land,
Land der deutschen Seele; wie abseits liegst du
allen andern Ländern. Nimmer mangelt dir
Sonnenschein.

Aber auch nicht des jagenden Sturmes ermangelst du,
nicht der brauenden Nebel; mehr als des heiteren
Tages Sonne wächst dir des sinkenden Abends
Dämmerung.

Immer nur denke ich dein, heilige Heimat!
Tief in willigem Herzen tragend erhabener
Sendung Ruf, deinem Acker zu sein der getreue
Säemann.

Glücklich der Säer, winkt dem trächtigen Acker
einmal der Garbentag. Fröhlich sitzt er am festlichen
Tische, singend bei heiterem Krug den seligen
Erntesang. *(1934)*

Richard Billinger: Der Säer

Vom Saatfeld kehrt der Bruder heim.
Die Hand ist noch zur Faust geballt.
Kaltherrisch seine Stimme schallt.
Im Acker schläft des Kornes Keim.

Dem Bruder wird die Stub zu klein.
Das Herzblut seine Wange schwellt.
Aus seiner Faust das Korn noch fällt,
um seine Spur die Dohlen schrein.

Der Acker gab dem Leib die Macht.
Ich kannte lang dies Königskinn,
den Blick für Gott, den Kämpfersinn,
den Trotz, der ihn zum Herrn gemacht. *(1934)*

Wolfram Krupka: Bauernspruch

Wir pflügen den Acker
und streuen die Saat.
Wir hassen das Unkraut
und wagen die Tat.

Um unsre Beschwerde,
um unsere Not
gebiert euch die Erde
das kostbare Brot.

Wir hüten das Erbe:
das Blut und den Staat,
daß niemals verderbe,
was echt ist und grad.

Wir kargen mit Worten,
doch niemals mit Kraft.
So geben wir täglich
uns Deutschland in Haft. *(1934)*

Joseph Georg Oberkofler: Die Heimkehr von der Alm

Bäurin, das Kupfergeschirr
stell an den Feuerqualm.
Hörst du das Glockengeklirr?
Heim von der herbstlichen Alm,
mächtig und stark und schön,
glänzend von sonnigen Höhn,
makellos Stück um Stück,
kehren die Herden zurück.

Breit in gewaltiger Ruh,
wie ein Gebirge schwer
schreitet die größte Kuh
kranzgeschmückt daher.
Schon unter dunklem Tor
tritt die Bäurin hervor,
nimmt nach altem Recht
Glocke und Kranzgeflecht.

Jetzt aus tiefem Verband,
geschworen und nicht gesagt,
reicht der Bauer die Hand
dem Weib vor Knecht und Magd.
Uralt heilige Wehr,
Bauernwille und Ehr
schirmet Haus und Herd,
Marken und Vätererd.

Knechte und Dirnen herein,
zeigt eure Tänze her.
Trinket den Heimkehrwein.
Gesegnet hat uns der Herr.
Stube und Tenne hallt
dröhnend von eurer Gewalt.
Ewig des Hofes Macht
wächst über Sturm und Nacht.

Mond und Sterne stehn
leuchtend über dem Dach.
Schimmernde Wolken wehn
silbernen Winden nach.
Hell ist das Himmelsrund,
dunkler unser Grund.
Aber in Stamm und Blut
schaffend der Schöpfer ruht. *(1937)*

VII. Der Führer

Will Vesper: Dem Führer

So gelte denn wieder
Urväter Sitte:
Es steigt der Führer
Aus Volkes Mitte.

Sie kannten vor Zeiten
Nicht Krone noch Thron.
Es führte die Männer
Ihr tüchtigster Sohn, –

Die Freien der Freie!
Nur eigene Tat
Gab ihm die Weihe,
Und Gottes Gnad'!

So schuf ihm sein Wirken
Würde und Stand.
Der vor dem Heer herzog
Ward Herzog genannt.

Herzog des Reiches,
Wie wir es meinen,
Bist du schon lange
Im Herzen der Deinen. *(1933)*

Gerhard Schumann: Einsamster du ...

Einsamster du, welch Schicksal uns erwähle,
Auf deine Schultern ist es schwer gelegt.
Wir schaun auf dich. Wir warten auf Befehle,
Gespannt und stumm, bis feurig deine Seele
Den Blitzstrahl der Entscheidung aus sich schlägt.

Du sprichst zu uns. Du weckst aus uns Gewalten.
Wer aber redet zu dir? Du stehst dort,
Wo über Gipfeln Schicksals-Mächte schalten.
Mit ihnen mußt du einsam Zwiesprach halten,
Entlauschen ihnen Gottes stilles Wort.

Dies Wort sagst du uns. Und wir dürfen bauen
Vom Werk besessen und befreit zugleich.
Du magst getrost von deiner Höhe schauen:
Ein Herzens-Ring aus Liebe und Vertrauen.
Einsamster du, war einer je so reich? *(1940)*

Heinrich Anacker: Der Führer und das Kind

Inmitten einer männlich-herben Welt,
Die ganz auf Kampf und Trommeltakt gestellt,

Stand engelgleich ein zartes, blondes Kind,
In schmaler Hand ein Blumenangebind.

Da schritt der Führer durch die braune Schar,
Und sah das Kind, und strich ihm über's Haar,

Und streichelte die Wangen ihm so sacht,
Als hätte seiner Mutter er gedacht.

Ein Lächeln blühte ihm um Blick und Mund,
Das Güte war aus tiefstem Herzensgrund.

Und alle sahn dies sonnige Geleucht,
Und manchem ward das Auge schimmernd-feucht,

Der kampfgestählt sein Fühlen sonst bezähmt –
Doch keiner hat der Träne sich geschämt! *(1936)*

Baldur von Schirach: Das Größte

Das ist an ihm das Größte: daß er nicht
nur unser Führer ist und vieler Held,
sondern er selber: grade, fest und schlicht,

daß in ihm ruhn die Wurzeln unsrer Welt,
und seine Seele an die Sterne strich
und er doch Mensch blieb, so wie du und ich ... *(1934)*

Heinrich Anacker: Adolf Hitler als Mensch

So sieht ihn die Welt: Gewappnet in Erz[6],
Und die Hand am geschliffenen Schwerte –
Wir aber kennen sein gütiges Herz
Unterm Mantel der stählernen Härte.

Die Kinder künden's in strahlendem Glück,
Die irgendwo ihm begegnet;
Und Tiere haben mit stummem Blick
Sein stilles Wohltun gesegnet.

Denn die tiefste Wurzel all seines Tuns
Ist ein volkumfassendes Lieben –
Drum ist er dem Letzten und Ärmsten von uns
Als Führer Kam'rad noch geblieben.

So sieht ihn die Welt: Gewappnet in Erz,
Und die Hand am geschliffenen Schwerte –
Wir aber kennen sein gütiges Herz
Unterm Mantel der stählernen Härte! *(1934)*

---

(6)* Eisen.

Gerhard Schumann: Der Eine

Da kam die Nacht. Der Eine stand und rang.
Und Blut entfloß den Augen, die im Schauen
erstarben vor dem fürchterlichen Grauen,
das aus den Talen zu dem Gipfel drang.

Notschrei fuhr auf und brach sich grell und bang.
Verzweiflung griff mit letzter Kraft ins Leere.
Er aufgebäumt, erzitternd vor der Schwere. –
Bis der Befehl ihn in die Knie zwang.

Doch als er aufstund, fuhr der Feuerschein
des Auserwählten um sein Haupt. Und niedersteigend
trug er die Fackel in die Nacht hinein.

Die Millionen beugten sich ihm schweigend.
Erlöst. Der Himmel flammte morgenbleich.
Die Sonne wuchs. Und mit ihr wuchs das Reich.

Die Stunde kam, da er sein Werk erkannte,
jäh stand er auf, zum Opfergang bereit.
Und mit dem Feuer seiner Rede brannte
er seine Flammen in die Dunkelheit.

Erschüttert lauschten die in Scham Entbrannten,
der Kreis der Sehnsucht rundete zur Tat,
und jubelnd folgten sie dem Gott-Gesandten,
die dumpfe Menge aber schrie Verrat.

Schwer war sein Weg ... der Schande Ketten klirrten,
an Deutschlands Herzen fraß der fremde Tod;
doch endlich hörten die im Wahn Verirrten,
sie sahen ihn und sahen ihre Not.

So kam sein Tag ... Millionen Herzen wandten
sich hin zu ihm und wußten ihre Pflicht.
Der Nebel fiel. Die Morgenfeuer brannten,
groß stand er da ... und um ihn stand das Licht. *(1934)*

VIII. Die Nation in Kampfbereitschaft

Heinrich Anacker: Die braune Sturmflut

Wogendonnernd braust es einher:
Fort mit den Deichen!
Alles muß weichen
Unserm Anprall, wuchtig und schwer –
Sieg-Heil der Sturmflut! Ahoi, braunes Meer!

Manche Welle – o bitteres Weh –
Mußte verschäumen.
In todwunden Träumen
Klang's aus der Brandung zerstäubendem Schnee:
Sieg-Heil der Sturmflut! Ahoi, braune See!

Zwölf schlug vom Turme die Glocke nun schwer –
Fort mit den Dämmen!
Nichts soll uns hemmen!
Über uns mit zieht der Toten Heer –
Sieg-Heil der Sturmflut! Ahoi, braunes Meer! *(1934)*

Heinrich Anacker: Eisen ins Blut!

Eisen ins Blut!
Trotzigen Mut,
Immer wieder von vorn zu beginnen!
Nur der Wagende wird gewinnen,
Der erfüllt ist von lodernder Glut –
Eisen,
Eisen,
Eisen ins Blut!

Eisen ins Blut!
Heilige Wut,
Wie der zuckende Strahl von Wettern,
Jeden Widerstand niederzuschmettern.
Erst am Ziel der Stürmende ruht. –
Eisen,
Eisen,
Eisen ins Blut!

Eisen ins Blut!
Jauchzender Mut,
Über dem wipfelsausenden Forste
Sich zu bauen die ragenden Horste –
Steige zur Sonne, du Adlerbrut!
Eisen,
Eisen,
Eisen ins Blut! *(1936)*

Helmut Hansen: Die braune Schar ruft

Hinein in die flammende braune Front,
hinein in die Sturmbataillone!
Was zagst du, was zauderst du, wehrhafter Mann?
Gilt nicht der Kampf, dem du zugetan,
dem unerträglichen Frone?

Hinein in das flammende deutsche Heer,
dem letzten, das Gott uns gegeben.
Wir ziehen mit fliegenden Fahnen einher,
wir sind der Empörung mächtige Wehr
für des Vaterlands zitterndes Leben.

Hinein in die flammende braune Schar,
hinein in die Sturmbataillone!
Wir sind das entscheidende Aufgebot,
wir ringen im Sturme mit Deutschlands Tod,
und sein Leben bleibt uns zum Lohne. *(1938)*

Heinrich Anacker: Hitler-Jugend

Im ungewissen Zwielichtschein,
Der halb die Häuser nur enthüllt,
Bricht eine braune Flut herein,
Ein Fluß,
Ein brauner Frühlingsfluß,
Der alle Gassen brausend füllt ...
Und rote Segel ohne Zahl,
Sie tanzen auf dem Brandungsschaum,
Vom Sturm geschwellt,
Vom Sturm geschwellt,
Vom jähen Strahl
Phantastisch lodernd und erhellt.
Das brodelt, brandet, dröhnt und rauscht;
Das steigt und schwillt,
Reißt alles mit:
Der Aufbruch deutscher Jugend ist's,
Zur Tat gewillt,
Zur Tat gewillt,
Die großen Banner windgebauscht
Und wogendonnernd Lied und Schritt ...
So zieht der ungeheure Zug,
Aus dem Gesichter leuchtend loh'n,
Rot überweht von Fahnenflug,
Ein Bild der Kraft,
Und doch unwirklich-geisterhaft
Wie eine hohe Vision,
Durch Nacht zum Licht,
Durch Nacht zum Licht
Der deutschen Zukunft zu! *(1936)*

Hans Friedrich Blunck: Deutsches Marschlied

Her zu uns, wir schreiten, schreiten,
Laßt was stritt, faßt den Tritt,
Deutsches Lied wird uns geleiten,
Brüder, Schwestern, schreitet mit!

Eines Volkes ohne Grenzen, –
Werkmann, Bauer, Bürger, gleich –
Wandern wir aus frühen Lenzen
In die Sommer erntereich.

Heilig Wort, das uns verbindet,
Muttersprache, zart und groß,
Hat die Herzen all entzündet,
Alle trägt ein einzig Los.

Lied und Glauben, Recht und Sitte
Hast du groß der Welt verschenkt,
Wachse, deutsches Volk der Mitte,
Allen Völkern eingesenkt.

Her zu uns, wir schreiten, schreiten,
Laßt was stritt, faßt den Tritt,
Deutsches Lied wird uns geleiten,
Brüder, Schwestern, schreitet mit!

Wir tragen Verlangen nach Hütte und Ruh
Und sind doch voll Unrast und binden die Schuh,
Zu neuen Bergen gerufen.
Wir preisen das Leben, verwerfen's zugleich
Und tragen, Volk, dich ins kommende Reich
Mühvoll von Stufe zu Stufen. *(1937)*

Ernst Bertram: Aber erst Gräber

Aber erst Gräber
schaffen Heimat,
erst unsre Toten
geben uns Licht.

Erst wo auf Hügeln
Klagende knien,
erst über Särgen
werdet ihr Volk.

Erst wo auf Trümmern
herrlichen Erbes
ihr in euch einkehrt,
werdet ihr Licht. *(1934)*

IX. Soldaten marschieren

Heinrich Anacker: Magie der Viererreihe

Was gilt dein Glück und meines?
Und was gilt unser Leid?
Wir kennen nur noch eines:
Marschtritt im Ehrenkleid!

Versunken und vergessen
ist all, was uns verdroß,
wenn sich die Fäuste pressen
ums blanke Koppelschloß.

Ob morgen wir noch leben?
Ob heut der Tod uns bricht?
Wir fragen kaum – wir heben
den Kopf ins kühle Licht.

Das ist die herbe Weihe,
die unsern Weg verschönt:
Magie der Viererreihe,
wenn vorn die Trommel dröhnt! *(1934)*

Heinrich Anacker: Vorbeimarsch

In Zwölferreihen wuchtet es heran,
Das braune Heer der hunderttausend Mann;
Voraus die Fahnen, einst vom Feind verhöhnt,
Und heut' vom Eichenlaub des Siegs gekrönt.

Zum Paukenschlag mit eherner Gewalt
Der harte Tritt auf hartem Pflaster knallt;
Die Arme aber, steil emporgestreckt,
Sind Speeren gleich zum Führer hingereckt.

Der steht und grüßt ... Sieht jedem ins Gesicht –
Sein Blick ist ein Appell an Treu' und Pflicht,
Ist Lohn und Dank für jede Opfertat,
Die je geschah für unsern jungen Staat.

So flutet Well' um Welle stundenlang
Vorbei, umwittert von der Märsche Klang,
O herrlich Bild, das stolzen Mut gebiert:
Deutschland ist aufgewacht! Deutschland marschiert!
(1936)

Herybert Menzel: Deutschland im Marschschritt

Wenn wir marschieren – Schritt um Schritt –
Wir lauschen: unser Herz schlägt mit.
Mein Herz und dein Herz, Kamerad.
Im gleichen Takt: Soldat! Soldat!

So Reih um Reihe – Schritt um Schritt –
Kolonnen stampfen gleichen Tritt.
Wir ahnen's groß, wir beten's schon:
Dies ist der Pulsschlag der Nation.

Wenn wir marschieren – Schritt um Schritt –
In unserm Blute ziehen mit
Die Väter all, die Enkel schon:
Im ewigen Pulsschlag der Nation.

Soldat! Soldat! So Tritt um Tritt.
Hört Deutschland, wie es stritt und litt!
Hört Deutschland, wie es ewig zieht,
Das beste Blut, ins Heldenlied! *(1936)*

Herybert Menzel: Das neue Sturmlied

Die Welt gehört den Führenden,
sie gehn der Sonne Lauf.
Und wir sind die Marschierenden,
und keiner hält uns auf.
Das Alte wankt, das Morsche fällt.
Wir sind der junge Sturm.
Wir sind der Sieg!
Sprung auf! Marsch, marsch!
Die Fahne auf den Turm!

Die Welt gehört den Bauenden.
Aus Trümmern steigt es kühn.
Wir sind die fest Vertrauenden,
das Reich muß neu erblühn!
Das Alte wankt, das Morsche fällt.
Wir sind der junge Sturm.
Wir sind der Sieg!
Sprung auf! Marsch, marsch!
Die Fahne auf den Turm!

Der Kerl muß nicht geraten sein,
den unser Lied nicht packt.
Ein Kerl muß bei Soldaten sein,
gleich schlägt sein Herz im Takt:
Das Alte wankt, das Morsche fällt.
Wir sind der junge Sturm.
Wir sind der Sieg!
Sprung auf! Marsch, marsch!
Die Fahne auf den Turm!

Holt alle hinterm Ofen vor!
Grad den, dem's nicht gefällt!
Und singt ihm unsre Strophen vor,
bis er das Lied behält!
Das Alte wankt, das Morsche fällt.
Wir sind der junge Sturm.
Wir sind der Sieg!
Sprung auf! Marsch, marsch!
Die Fahne auf den Turm!

Die Welt gehört den Führenden,
sie gehn der Sonne Lauf.
Und wir sind die Marschierenden,
und keiner hält uns auf.
Das Alte wankt, das Morsche fällt.
Wir sind der junge Sturm.
Wir sind der Sieg!
Die Fahne loht
wie Brand von Turm zu Turm! *(1934)*

Herybert Menzel: Aufbruch

Rauchender Reiter. Alarm. Trommel und Erde sind eins.
Schlägel und Füße gehen in gleichem Takt.
Bin ich noch dein, bist du meins?
Abschied. Kuß läuft noch mit, letztes Wort, abgehackt.

Blühender Gärten Gruß. Blätter ahnen schon Herbst.
Tod, du willst mehr nun als Laub.
Wie du uns glühender färbst,
Reißt du uns bald in den Staub.

Hände, was werft ihr uns nach?
Blumen? Ja, feiert den Schmerz.
Lauscht, auch noch dann, wenn es brach,
So singt das männliche Herz.

Liebe, du baust uns ein Nest.
Aber der Turm hebt uns auf, Wolken mahnen zu fliehn.
Arme, ihr haltet nicht fest,
Was in das Hehre darf ziehn.

Mütter, euch an der Hand
Der Knabe schon zittert. Ja, bangt.
Wir waren euer im Sand.
Sorgt, daß ihr ins Unsre gelangt. *(1943)*

Martin Damß: Die Jungen

Sie kamen aus der Nacht der Not,
In der das Reich versank.
Sie übergrünten hell den Tod
Der vielen, deren Morgenrot
Im Blut der Schlacht ertrank.

Sie glaubten an das ewige Licht,
Ihr Glaube wurde Tat.
Und in ihr blühendes Gesicht
Wuchs still der harte Glanz der Pflicht.
Und jeder ward Soldat.

Soldat im Geist, Soldat im Blut
Für eine neue Zeit.
Sie sind des Volkes bestes Gut,
Und ihre Waffe ist der Mut,
Der sie zu Männern weiht.

Die Feigen blieben still zurück
Beim Bleisoldatenspiel.
Die andern suchten echtes Glück,
Zur Sonne stößt ihr junger Blick,
Sie sehen Kampf und Ziel.

Und morgens, wenn ihr harter Schritt
Die satten Schläfer weckt,
Wenn sie in langen Reihn zu dritt
Marschieren, geht ein Wille mit,
Stolz, groß und aufgereckt.

Sie sehen nicht nach links und rechts,
Ihr Schritt ist Deutschlands Kraft.
Sie sind des kommenden Geschlechts
Bluttträger und des heiligen Rechts
Machtvolle Bruderschaft. *(1934)*

Herybert Menzel: Soldaten

Soldaten sind immer Soldaten,
Die kennt man am Blick und am Schritt,
Die sind hinterm Pflug noch Soldaten,
Mit denen geht Deutschland mit.

Ihr Wort ist der Sprung schon zu Taten,
Ihr Schweigen ist stolzer Verzicht.
Sie sind nicht zum Schachern geraten,
Sie kennen nur ihre Pflicht.

Soldaten kann niemand werben,
Die spüren schon ihre Zeit.
Die sind im Leben zum Sterben,
Im Tode zum Leben bereit.

Bis einer sie ruft aus den Zeiten,
Die Trommel zur Ewigkeit schlägt,
Dann finden sich all die Bereiten,
Die Glaube zum Glauben trägt. *(1936)*

X. Der Krieg

Bodo Schütt: Gestirn des Krieges

Größer ist alles Gefühl
in dem unendlichen Tag,
randloser Kräfte Gewühl
schwillt über Jubel und Klag',
laut in des Herzens Gestühl
dröhnt uns der eherne Schlag.

Reißt es uns fort in die Nacht?
Schwingt es uns auf zu den Höh'n?
Feuer der tödlichen Schlacht
leuchtet uns schrecklich und schön,
rings um die Berge der Nacht
wölkt es von Blut und Gestöhn.

Schicksal, das geht seinen Gang
über der Völker Gesicht,
Wege der Wende sind lang,
aber wie Sturm das Gericht.
Nur wem das Opfer gelang,
dauert im steigenden Licht.

An den unendlichen Tod
brandet des Lebens Gewalt,
Herz, schon vom Sturze bedroht,
sucht unter Himmlischen Halt –
Zeige dich! Neige dich, Gott,
größer in unsrer Gestalt. *(1941)*

Bodo Schütt: Panzer

Von Eisen klirrend, grau und ungestalt,
zerschrammter Panzer staub- und lehmbedeckt,
das ganze Ding aus wilder Kraft geballt,
der Waffen Mündung drohend vorgereckt –

so wälzt es sich durch Busch und Wiesen, sprengt
der Höfe Tor und bricht die Mauern ein,
kriecht über Wall und Trümmer vor und mengt
das Dröhnen der Motoren mit dem Schrei'n

der fliehenden Leiber, die es überrennt –
und feuerspeiend zieht es seine Bahn
im Eisenhagel, ganz dem Element
des Grauens und Verderbens zugetan.

Denn bis ins Chaos reicht des Menschen Geist,
wen er sich hoch ins Licht des Schicksals hebt
und seinen Willen zu Maschinen schweißt,
die er mit seines Herzens Zorn belebt. *(1941)*

Gerhard Schumann: Sternbild in Rußland

Auch über dieses Grauen
Senkt sich noch eine Nacht.
Wir haben die Toten begraben,
Die Toten unserer Schlacht.

Zwischen den dunklen Kreuzen,
Die kühlen Gewehre gespannt,
Sucht wohl mancher schweigend
Eines Kameraden Hand.

Fremd in den Sümpfen und Wäldern
Preßt uns ein schauriges Weh.
O ihr blauen Berge von Schwaben.
O du silberner Bodensee.

In der endlosen graunvollen Weite
Allein und herzensfern.
Ist der Himmel so leer wie die Erde?
Hat er nicht einen Stern?

Da brechen die gütigen Sterne
Aus dem schwarzen Bahrtuch[7] der Nacht.
Ein unendliches brennendes Leben
Ist über dem Abgrund erwacht.

Zwei schimmernde Sterne beugen
Sich so ernst und innig mir zu.
Dein Antlitz. Dein leidvolles Lächeln.
Deine Augen. Geliebte. Du ... *(1943)*

Gerhard Schumann: Sumpf

Verwesung wölkt in brütend stickigen Schwaden.
Kein Tier gibt frohen hellen Lebenslaut.
Es ist der Tod, der dumpf uns hier umgraut.
Es ist der Tod. Er wartet ohne Gnaden.

Kein Wald: ein Friedhof toter Stümpfe schaut
Uns trostlos an. Wohin seid ihr geraten?
Kein Grund: Die Erde schwankt, von Angst beladen.
Kein Wasser: gurgelnd Moor, fiebrig gestaut.

Mit Männern Mündung gegen Mündung fechten,
Das haben wir gelernt und fürchtens nicht.
Doch nun heults auf aus gottverlassenen Nächten.

Und Höllenqual wird selbst das Himmelslicht.
Wir sind umstellt von ungestalten Mächten.
Wir spüren sie – und sehen kein Gesicht ... *(1943)*

---

(7)* Tuch zum Bedecken der Totenbahre.

Herybert Menzel: Die Schlacht

Ja, nun kommt sie, die Schlacht, die wahre,
Die lange gesungene, die der Sage der Väter,
Der wir als Knaben lauschten, aber die eigene nun,
Herz, die ersehnte! Schon schwirren die Lüfte
Über und neben uns schrill, dumpf Einschlag um
Einschlag, es birst schreiend die Erde. Voran!

Wälderdurchbrechend, steilauf, noch, wieder so fort,
Der Leutnant lacht in der Sonne, da fängt ihn
Grün das Gestrüpp, wir ihm nach.

Und nun die Weite des Tals. Dies also ist die, die
Landschaft, Frankreichs Gefilde, zwischen Wäldern und
Hügeln Korn wie daheim, hier geschieht es, wir stürmen,
Umsungen von erzenen Mündern, Vögeln, unschaubar –
Werfen uns, springen und ducken tief uns in Schwaden.
Hoch! Hoch! Wieder voran! Belverndes[8] Hämmern,
Gezisch, Einschlag dumpf, Explosion, Rauch. Weiter!
Voran! Ja, Hölderlins[9] Strophen, die edlen! Sänger der
Sehnsucht, wir auch sangen so kühn uns voraus,
Trunken und gläubig, nun dies uns, ja, die Erfüllung,
Daß wir auch kämpfen! O Sonnen! Eine allein
Wäre Nacht. Nun wird kein Ruf mehr vernommen.
Vorwärts! Nur dieser ist uns im Blut doch. Wo bliebt ihr,
Ihr Kameraden? Hat euch das Korn noch? Seht!
Also ins Freie! O dies! Also ins Freie – – lebt – wohl –

(1943)

---

(8)* bellendes Geräusch.
(9)* Friedrich Hölderlin (1770–1843) hat begeisterte vaterländische Gedichte geschrieben.

Bodo Schütt: Schlacht

Umwölkt von Graun, so naht
der Gott den Vollendeten, blind
umkreist ihn des Schicksals Gestirn,
und nimmer begreiflich
entrafft er die Edlen, durchbohrt
in blutiger letzter Erprobung
des Sohnes Herz.

Umrauscht von Schwingen des Ruhms
auf nächtigem Fluge, des Weibs
verhaltener Ahnung und Klag,
der Männer Beweinung –
entführt er die Kräfte der Welt
zurück aus des Handelns Bewährung
ins himmlische Heer. *(1944)*

Bodo Schütt: Dabei sein, o Herz!

Dabei sein, o Herz! Einen Teil der unendlichen Tat
selber bewirken, marschieren, aus Wägen und Warten entrückt
ins offene Wagnis, wo gellend in Lüften Geschrei
erschrockener Völker verrauscht und der schwelende Haß
drohend zu Wolken sich ballt – doch gelassen erträgt
unter dem stählernen Helme das Antlitz
die fremde Gefahr, denn der Auftrag allein
erfüllt uns das Herz.

Mühsamer lebt, wer zu Haus
der Tage Geschäft unterhält und mit schwellendem Wort
das Werdende ruhlos befühlt, wenn der Boden erdröhnt
vom Gang der gewaltigen Zeit und der Herbstwind klirrt
von reisigem Erz.

Wer tatlos das Schicksal wägt,
gibt immer zu wenig – woher
nimmt er das Maß aller Wirkung, das volle
Gewicht in der sinkenden Schale – das Herz,
wenn es zurück aus des Hierseins
verstreutem Bezug
sich sammelt in einem Gefühl und mit härterem Schlag
sich drängt zur Bewährung – denn Handeln allein
vollendet das Herz. *(1941)*

Eberhard Wolfgang Möller: 5. Juni 1940

Selig, selig, selig hingerissen,
schon gestorben, während er noch sprang,
ganz durchdrungen schon von jenem Wissen
um den unentrinnbar nahen Untergang,

war er vor den andern wie ein Feuer,
das emporleckt am verwelkten Hang,
plötzlich angefacht und ungeheuer
für den Pulsschlag eines Herzens lang,

für den Blick von tausend Augenpaaren
wie ein Stern, der sausend niederstößt,
aus Millionen unerlösten Jahren
in den einen Augenblick erlöst,

riesengroß und alles niederreißend,
was an Sterblichen entgegenstand,
tausendfältig im Zerspringen gleißend:
also winkt er noch mit hoher Hand,

also steht er noch auf hohem Walle,
Stern und Fahne, Feuer und Signal,
stürzt und liegt und reißt mit seinem Falle
eine Flut des Sieges über den Kanal. *(1943)*

Felix Lützkendorf: Ein Leutnant fiel

Dann sahen wir den
Panzer brennen,
wie eine Fackel stand er
vor dem Wald,

das schwarze Kreuz riß auf
in greller Wunde,
und Schrei des Schreckens
brach uns aus dem Munde.

Der Feueratem gloste[10] um
den Stahl,
das Gras verdorrte unter
seinem Hauche,
und kochend hell wie
Wasser schmolz
der Saft der Bäume
aus dem Holz.

Doch plötzlich hob sich, glühend
schon im Brand,
als wäre sie vom Feuerhauch
getragen,
von einer Riesenfaust
emporgereckt,
die schwere Platte, die
den Turm bedeckt.

Und aus den Flammen stieg
der Leutnant auf,
ein Bruder des Achill[11], geliebt
von allen, die

sein Lächeln nur, den Glanz der
zwanzig Götterjahre kannten.
Er stand im Feuer still –
und seine Kleider brannten.

---

(10)* glühte.
(11)* Achilles, griechischer Sagenheld, der nur an der Ferse verwundbar war.

Und sah uns hellen Auges an
mit einem Blick,
der noch die Flammen kühl
durchdrang,

und lächelte und hob die Hand –
und sang –
bis er nach vorn wie eine
Blüte knickte.

O Vaterland, dem so
die Söhne fallen,
für welche Zukunft macht
dich Gott bereit? *(1943)*

Hans Baumann:
[Briefgedicht: Am Waldrand]

Am Waldrand lag der Duft von Bienenwaben,
dort haben wir neun Brüder still begraben.
Wir pflanzten auf die Leiber, die verglühten,
des künftigen Trosts gedenkend hohe Blüten.
Aus neun erloschenen Soldatenherzen
entbrennen jedes Jahr neun Königskerzen. *(1943)*

Hans Baumann:
[Briefgedicht: Die stillsten Sterne]

Die stillsten Sterne kommen nach den Schlachten,
sie lehren uns, das Laute zu verachten.
Dann reden Tote mit verschwiegenen Zügen,
die in ein Antlitz sich zusammenfügen.
Geadelt durch Verzicht erglühn die Mienen:
Als Erstes bleibt uns, namenlos zu dienen.
Den ungeschmückten Helm umweht ein Singen:
Uns bleibt, die Pflicht mit Opfern zu durchdringen.
Die unbewegten Augen seh ich werben:
Als Letztes bleibt, für Liebes fern zu sterben. *(1943)*

Herybert Menzel: Anders kehren wir wieder

Zogen wir darum nur aus, dieses Land zu befrein,
Neues dazu zu gewinnen, den Hohn unsrer Feinde zu dämpfen?

In dem Gebrause der Schlacht, unterm Gedröhne der Himmel
Überwogte das Herz, und es fiel Gott an und hielt ihn.
Blieb's wieder einsam, so ebbt die Welle vom Strande,
So fällt die Gischt von dem Felsen zurück, aber wir
Lassen ihn nicht, den wir in Kirchen nicht fanden, den wir
Hier draußen erkannten, der uns so will, wie wir
Stürmen, fallend noch siegen, uns schenkend, Land, dir,
Und dir, Volk, und dem Gott auch, der uns das Herz gab dazu.

Gerne gedenken wir deiner, Heimat, der baumschönen Dörfer,
Der geordneten Städte, träumen von Wiederkehr gern,
Aber wer würde zum Manne, der dich nicht ließ für die Ferne,
Aufbrach zu steter Gefahr, ungewiß seiner Rückkunft,
Der sich der Erde nicht gab, wie das Tier zur Wohnung sie
Nehmend, unterm gestirnten Himmel der Rätsel nicht
Dachte des Weltalls, seiner selbst, seines Volks?

Anders kehren wir wieder, so das uns gegeben,
Ihr Frauen, aus den Feuern, da Gott sprach,
Daß er uns gönne die Stunde, die zärtliche, mit euch,
Das behütete Heim und das geruhige Werk,
Aber zu Aufbruch uns fordernd, immer, wenn wir
Verliegen, Süßes nur sinnend und Sichres,
In der Kraft schon erlahmen, bald wohl wie Reisig zu brechen. –
Unsere Knaben erzieht, daß sie sich männlich ihm weihn.

(1943)

Quellenverzeichnis zum Gedichtteil

Paul Alverdes (1897–1979)
Paul Alverdes: Die Nördlichen. Gedichte. Ludwig Voggenreiter Verlag, Potsdam 1935 (Mutter, S. 41).

Heinrich Anacker (geb. 1901)
Zitiert nach ders.: Der Aufbau. Gedichte. Franz Eher Verlag, München 1936 (Werkfreude, S. 93; Singe, mein Volk!, S. 92; Wiegenspruch für einen deutschen Jungen, S. 87; Der Führer und das Kind, S. 22; Eisen ins Blut!, S. 110; Vorbeimarsch, S. 28; Hitler-Jugend, S. 21).
Zitiert nach ders.: Die Fanfare. Gedichte der deutschen Erhebung. Franz Eher Verlag, München 1934 (Gegen Versailles!, S. 18; Adolf Hitler als Mensch, S. 108; Die Fahnen verboten, S. 14; Gegen den Marxismus!, S. 45; Die braune Sturmflut, S. 63).
Zitiert nach Herbert Böhme (Hrsg.): Rufe in das Reich. Die heldische Dichtung von Langemarck bis zur Gegenwart. Verlag Junge Generation, Berlin 1934 (Magie der Viererreihe, S. 316).

Hans Baumann (geb. 1914)
Zitiert nach ders.: Der Wandler Krieg. Briefgedichte. Diederichs, Jena 1943 (Briefgedichte, S. 30 und S. 43).

Karl von Berlepsch (1882–1955)
Zitiert nach Herbert Böhme (Hrsg.): Gedichte des Volkes. Bd. 1. Deutscher Volksverlag, München 1938 (Hymnus, S. 421).

Ernst Bertram (1884–1957)
Zitiert nach Herbert Böhme (Hrsg.): Rufe (s. o. Anacker) (Aber erst Gräber, S. 17).

Richard Billinger (1893–1965)
Zitiert nach Herbert Böhme (Hrsg.): Rufe (s. o. Anacker) (Der Säer, S. 219).

Hans Friedrich Blunck (1888–1961)
Zitiert nach ders.: Balladen und Gedichte. Gesammelte Werke. Bd. 10. Hanseatische Verlagsanstalt, Hamburg 1937 (Aufforderung, S. 216 f.; Deutsches Marschlied, S. 229 f.).

Herbert Böhme (1907–1971)
Herbert Böhme: Wir banden den Strauß Immortellen. Gedichte und Lieder. Widukind Verlag, Berlin 1940 (Das aber ist das Köstlichste am Leben).

Karl Bröger (1886–1944)
Zitiert nach Hans Mühle (Hrsg.): Das Lied der Arbeit. Selbstzeugnisse der Schaffenden. Leopold Klotz Verlag, Gotha 1935 (Alter Arbeiter, S. 92 f.).

Josef Buchhorn (1875–1954)
Zitiert nach Herbert Böhme (Hrsg.): Gedichte (s. o. Berlepsch) (Ewiges Deutschland!, S. 420).

Hermann Burte (1879–1960)
Zitiert nach ders.: Ursula. Gedichte. Haessel, Leipzig 1930 (Einem Dichter, S. 147).

Walter Dach (1900–1956)
Zitiert nach Hans Mühle (Hrsg.): Lied der Arbeit (s. o. Bröger) (Der Generaldirektor, S. 211).

Martin Damß (geb. 1910)
Zitiert nach Jahrbuch junger Dichter. Bd. 1. Lyrik. Schlieffen-Verlag, Berlin 1934 (Den Brüdern, S. 133; Die Jungen, S. 135 f.).

Otto Fersch
Zitiert nach Hans Mühle (Hrsg.): Lied der Arbeit (s. o. Bröger) (Dichter?, S. 34; Das Erbe, S. 195 f.).

Wilhelm Franke (geb. 1915)
Zitiert nach Will Vesper (Hrsg.): Die Ernte der Gegenwart. Deutsche Lyrik von heute. Langewiesche-Brandt, Ebenhausen bei München 1940 (Mütterliches Haupt, S. 268 f.).

Erich Otto Funk (geb. 1909)
Zitiert nach Hans Mühle (Hrsg.): Lied der Arbeit (s. o. Bröger) (Arbeiter am Abend, S. 244).

Friedrich Griese (1890–1975)
Zitiert nach Herbert Böhme (Hrsg.): Rufe (s. o. Anacker) (Gesang des Säemannes, S. 218).

Helmut Hansen (geb. 1898)
Zitiert nach Herbert Böhme (Hrsg.): Gedichte (s. o. Berlepsch) (Die braune Schar ruft, S. 165).

Wolfgang Hercher (geb. 1869)
Zitiert nach Herbert Böhme (Hrsg.): Gedichte (s. o. Berlepsch) (Deutsch sein!, S. 438).

Wolfram Krupka (geb. 1903)
Zitiert nach Hans Mühle (Hrsg.): Lied der Arbeit (s. o. Bröger) (Deutsche Arbeit, S. 208).
Zitiert nach Herbert Böhme (Hrsg.): Rufe (s. o. Anacker) (Bauernspruch, S. 225).

Felix Lützkendorf (geb. 1906)
Zitiert nach Günter Kaufmann (Hrsg.): Deine Jugend, mein Volk. Gedichte aus dem Großdeutschen Freiheitskampf. Reclam, Leipzig 1943 (Ein Leutnant fiel, S. 86 ff.). Erstdruck in Felix Lützkendorf: Wiedergeburt. Lieder aus dem Osten. Suhrkamp Verlag, Berlin 1943.

Herybert Menzel (1906–1945)
Zitiert nach ders.: Gedichte der Kameradschaft. Hanseatische Verlagsanstalt, Hamburg 1936 (Die schweigenden Mahner, S. 33; Deutschland im Marschschritt, S. 22; Soldaten, S. 40).
Zitiert nach ders.: Anders kehren wir wieder. Hanseatische Verlagsanstalt, Hamburg 1943 (Aufbruch, S. 7; Die Schlacht, S. 14; ; Anders kehren wir wieder, S. 13).
Zitiert nach Herbert Böhme (Hrsg.): Rufe (s. o. Anacker) (Das neue Sturmlied, S. 332 f.).

Fritz Michel (geb. 1895)
Zitiert nach Herbert Böhme (Hrsg.): Gedichte (s. o. Berlepsch) (Dem Kinde, S. 120).

Eberhard Wolfgang Möller (geb. 1906)
Zitiert nach Günter Kaufmann (Hrsg.): Deine Jugend (s. o. Lützkendorf) (5. Juni 1940). Erstdruck ders.: Das brüderliche Jahr. Gedichte. Wiener Verlagsgesellschaft, Wien 1943.

Joseph Georg Oberkofler (1889–1962)
Joseph Georg Oberkofler: Nie stirbt das Land. Eugen Diederichs Verlag, Jena 1937 (Die Heimkehr von der Alm).

Ferdinand Oppenberg (geb. 1908)
Ferdinand Oppenberg: Die Saat ging auf. Hanseatische Verlagsanstalt, Hamburg 1936 (Deutschland du, S. 7).

Baldur von Schirach (1907–1974)
Baldur von Schirach: Die Fahne der Verfolgten. ›Zeitgeschichte‹. Verlag und Vertriebsgesellschaft. Berlin 1934 (Das Größte).

Gerhard Schumann (geb. 1911)
Zitiert nach ders.: Bewährung. Gedichte. Albert Langen/Georg Müller, München 1940 (Deutschland, S. 16; Einsamster du ..., S. 10).
Zitiert nach ders.: Gesetz wird zu Gesang. Gedichte. Karl H. Bischoff Verlag, Berlin/Wien/Leipzig 1943 (Sternbild in Rußland, S. 14; Sumpf, S. 16).
Zitiert nach Herbert Böhme (Hrsg.): Rufe (s. o. Anacker) (Der Eine, S. 120).

Bodo Schütt (geb. 1906)
Zitiert nach ders.: Gestirn des Krieges. Gedichte. Eugen Diederichs Verlag, Jena 1941 (Gestirn des Krieges, S. 16; Panzer, S. 18; Dabei sein, o Herz!, S. 8) .
Zitiert nach ders.: Geist und Gestalt. Gedichte. Eugen Diederichs Verlag, Jena 1944 (Bewahrung, S. 11; Liebe, S. 39; Schlacht, S. 38).

Ina Seidel (1885–1974)
Zitiert nach Will Vesper (Hrsg.): Die Ernte (s. o. Franke) (Der Mutter Einkehr zu sich selbst, S. 125).

Ruth Storm (geb. 1905)
Zitiert nach Herbert Böhme (Hrsg.): Rufe (s. o. Anacker) (Deutsches Wiegenlied, S. 299).

Will Vesper (1882–1962)
Zitiert nach ders.: Kranz des Lebens. Gedichte. Albert Langen/ Georg Müller, München 1934 (Dem Führer, S. 141).

Ernst Walter (geb. 1910)
Zitiert nach Hans Mühle (Hrsg.): Lied der Arbeit (s. o. Bröger) (Jeder steh auf seinem Posten, S. 24; Schrott, S. 212).

MATERIALIEN

Inhaltsverzeichnis

Einleitung

Der Materialienteil soll Aufschluß geben über einige Aspekte des Verständnisses von Dichter- und Dichtungsfunktion, wie es von der nationalsozialistischen Kulturbürokratie propagiert worden ist. Zugleich soll er hinleiten zur geschichtlichen und politisch-literarischen Beurteilung faschistischer Lyrik.
Während die Texte von Paul Ernst und Gerhard Schumann umfassendere kulturpolitische Ziele im Auge haben, berühren die Ausführungen von Hellmuth Langenbucher und Martin Wähler im engeren Sinne literaturwissenschaftlich-theoretische und didaktische Fragestellungen. Paul Ernst hebt den elitären, gleichsam göttlich begründeten Führungsanspruch nationalsozialistischer Dichtung hervor. Gerhard Schumann betont einen Nervenpunkt des faschistischen Literaturverständnisses überhaupt: die Erfahrung der beiden Weltkriege. Heinz Kindermann entwickelt Grundgedanken einer rassen- und erbbiologischen Theorie der Dichterbegnadung und -auslese. Die Ausführungen von Hellmuth Langenbucher demonstrieren, auf welche Weise sich die nationalsozialistische Literaturhistorie der zeitgenössischen Lyrik annahm und ihren demagogischen Auftrag unterstützte. Martin Wähler schließlich läßt aufgrund seiner Anmerkungen zum Problem Lyrik im Unterricht erahnen, welchen Anteil der damalige Schulbetrieb an der Verbreitung der faschistischen Dichtung und Ideologie genommen hat.

Diese Texte erlauben es, die abgedruckten Gedichte in Beziehung zum Selbstverständnis nationalsozialistischer Literaturprogrammatik zu setzen. Demgegenüber sollen die sich anschließenden Auszüge aus neueren literaturwissenschaftlichen Studien ein geschichtlich distanziertes Verstehen aller vorgeführten Dokumente ermöglichen. Klaus Vondung belegt den Anteil, den das historisch abgestiegene Bildungsbürgertum an der Formulierung und der

Wirksamkeit nationalsozialistischer Literaturauffassungen genommen hat. Dietrich Strothmann zeigt, in welch weitreichender Form der einzelne Schriftsteller damals der kulturbürokratischen Regie unterworfen worden ist. Wie sehr der Nationalsozialismus Kunst und Literatur im machtpolitischen Interesse zur ›Ästhetisierung‹ des politischen Lebens ausgebeutet hat, läßt Rainer Stollmanns Text erahnen. Schließlich führt Elin Fredsted ein breites Spektrum von Motiven und Darstellungsformen faschistischer Lyrik vor.

I. Dokumente zum Selbstverständnis faschistischer Dichtung

1. Paul Ernst: [Der Dichter als Führer]

(1933)

[...] Zu den wichtigsten Führern gehören die Dichter; wenn man das Wort ›Dichter‹ in seinem höchsten Sinn nimmt, wie man bei dieser Betrachtung muß, so sind sie überhaupt die wichtigsten. Es drückt sich in ihnen Art und Schicksal des Führers aus: Der Führer führt dahin, wohin die Gefährten gehen wollen; das Wollen des Volkes, das dumpf und unbewußt ist, kommt in ihnen zu Klarheit und Bewußtheit; aber Klarheit und Bewußtheit gelten nur für das Wollen, und nicht für das Ziel, dem sich, da es den Menschen ewig unbekannt sein wird, im Bewußtsein gewöhnlich falsche Ziele vorschieben. [...]

[...] Der Dichter muß mit seinen Mitteln den Menschen seiner Zeit ihre besondere Aufgabe zeigen. Da diese Aufgabe die Art ihrer Lebensführung ist, so hat er das Leben in seinen wesentlichen Äußerungen darzustellen, so, wie es Gott ihm ins Herz gelegt hat, wie Gott also die Menschen der Zeit führen will: er muß die Gefühle darstellen, die sie haben sollen, ihre Erlebnisse, ihre Schicksale, sie selber und ihre ganze Welt.

So, wie es Gott ihm ins Herz gelegt hat, wie Gott die Menschen führen will. Er muß also auf die innere Stimme hören und sich hüten, daß er sich nicht irremachen läßt durch Äußeres, besonders durch Ansprüche der andern Menschen, die ihn immer herunterziehen wollen. [...]

Paul Ernst: Das deutsche Volk und der Dichter von heute. Zitiert nach: Heinz Kindermann (Hrsg.): Des deutschen Dichters Sendung in der Gegenwart. Reclam, Leipzig 1933, S. 19f. Ausschnitte.

2. Gerhard Schumann: [Dichtung und Krieg]

(1942)

[... Die] Kriegsdichtung – und darunter wird einmal nicht nur die stofflich bestimmte Kriegsdichtung, sondern überhaupt das Werk der durch den Krieg gehärteten, geläuterten und geformten Dichter zu verstehen sein – die Kriegsdichtung also wird die wahrhaftigste und tiefste Formung dieser in Geburtswehen zuckenden Zeit und ihrer sterngleich heraufsteigenden Erfüllung sein. Sie wird in sich vereinen das furchtbar Größte und das Stillste in einer gehärteten, geprägten Soldatenform.
Wer hat denn die wesentlichen Werke einer neuen volkhaften Dichtung geschaffen? Niemand anders als die im ersten Weltkrieg geprüften und bewährten Soldaten! Und so wird es auch in diesem Kriege sein.
[...] Und damit kommen wir unserer Grundfrage nahe: kann es heute überhaupt schon eine Kriegsdichtung geben? [...]

[Der Auftrag des Dichters]

Der Krieg ist die große Bewährungsprobe für jeden Menschen und doppelte Bewährungsprobe für einen Menschen, der Stimme sein will für viele, Deuter einer Zeit, Verkünder ihres Wollens und Vollbringens.
[...] In einem Raum der Ehrfurcht bewegt sich der schöpferische Mensch, der Dichter, wie immer so besonders im Kriege, der alles Menschliche in seine höchsten Aufgipfelungen hinauftreibt, im Guten wie im Bösen. Ja, im Krieg steht er in der innersten Herzkammer der Ehrfurcht, in diesem furchtbar heiligen Fegefeuer, das nur verzehrt oder härtet, das nie ein Sowohl-Als auch, immer nur ein Entweder-Oder zuläßt, nie einen Kompromiß, immer die Entscheidung fordert. Schweigende Ehrfurcht wird um ihn sein vor dem unendlichen Leid in dieser Welt, vor der stillen Größe des Opfers der Soldaten und der Heimat, vor der stummen Majestät des Todes. So wird der Dichter schweigen müssen und seine Pflicht tun, sich

bewähren als Mensch, als Mann, als Soldat. Sich bewähren im dumpfen Takt der Märsche, im brausenden Sturm der Angriffe, in der Todeseinsamkeit vorgeschobener Sicherungen, sich bewähren vor der zuckenden Qual der verwundeten und sterbenden Kameraden. Sich bewähren aber auch vor dem stummen Leid der Kreatur, die in dumpfer Angst durch rauchende Trümmer irrt, sich bewähren vor den erstorbenen Augen in diesen zerbrochenen, hoffnungslosen Larven des Ostens, die zum Gesicht zu wandeln, in einem neuen Reich wieder zu Menschen zu erheben er als tiefen Sinn und Auftrag dieses Krieges brennend erkennt. Dies alles wird er mit zuerst tief erschrockenen Augen sehen, dann wird sein Blick härter werden und sein Herz fester. Und er wird schauen mit einem heilig nüchternen Blick und alles still in sich hineinnehmen. Und dann kommt vielleicht eines Tages ein innerer Befehl. Er ist nicht zu überhören. Man ist so still geworden, so hellhörig, so scharfsichtig mit dem wachen Spürsinn für das Notwendige. Da kommt dann eines Tages der innere Befehl: das Hereingenommene will heraustreten, das Angeschaute will Bild werden, das Bestandene will Bestand haben, das Leben will verdichtet sein. Dann, und nur dann darf einer den Mund öffnen zum entscheidenden Wort, einer der bewährt ist im Kampf und den inneren Befehl erhalten hat.
Ehe ich nun etwas zu den Gattungen der Dichtung, die sich der Gestaltung des gegenwärtigen Kriegserlebens mehr oder weniger darbieten oder entziehen, sage, möchte ich eine Darstellungsweise von vornherein und grundsätzlich als dem soldatischen Erlebnis nicht gemäß zurückweisen: Soldatische Konflikte, Haltungen und Entscheidungen kann und darf man nicht zerfasern, psychologisierend auflösen, sezieren und in Spiritus setzen.

Gleich neben einer schamlos schnüffelnden seelischen Analyse steht der Zerfall, neben der nervösen Zerfaserung die Zersetzung, neben der vorwitzigen Fragerei die Infragestellung! [. . .]

[Lyrik im Krieg]

Allein in der Lyrik, die unter dem Gesetz der Unmittelbarkeit, der Entflammung steht, hat sich in einigen Versen das Wesen dieses Weltentscheidungskampfes, das Wesen seiner entschlossenen Kämpfer, schon gültig ausgesprochen. Eine ähnliche Erscheinung können wir übrigens an der Lyrik des ersten Weltkrieges beobachten. [...]
Wie im zusammenschießenden Kristall vor dem schauenden Auge die bauende Ordnung des ganzen Weltalls zu erstehen vermag, so vermag unser Herz im Gedicht, das aus der erschütterten, entflammten Lebensmitte heraufbricht, das Wesen des Erzeugers dieser Erschütterung, des Krieges zu empfinden. Denn die Glut und Kraft des herausgeschleuderten und geformte Lava gewordenen Gefühls läßt die schaffende Gewalt und Tiefe des Vulkans selbst erkennen. [...]
Als wesentliche Merkmale dieser Gedichte, in denen die Urlaute der menschlichen, der deutschen Seele heutige Gestalt gewinnen – Abschied, Trennung, Grauen, Durchhalten, Aufschwung, Sieg, all dieses zuckende Ringen des Herzens zwischen Tod und Leben – als wesentliche Merkmale sind hier zu beobachten die schweigsame Entschlossenheit, die heilige Nüchternheit, die Bändigung des Gefühls, die gleich weite Entfernung vom Hurra-Patriotismus wie von bürgerlicher Sentimentalität, statt dessen: verhaltene Härte und gläubige Innigkeit.

[Grenzen der Kriegsdarstellung]

[...] Ein Wort noch zu einer außerkünstlerischen und nur zeitbedingten Begrenzung in der Darstellung von Kriegsstoffen. Nicht jeder Stoff eignet sich schon während des Existenzkampfes der Nation zur Darstellung, zumindest aber nicht zur Veröffentlichung. Der Dichter selbst wird sich vor seinem völkischen Gewissen die Grenze schweigend ziehen, die durch die politische Psychologie bedingt ist. Hier kann der Maßstab einzig und allein die Frage sein: bedeutet das gestaltete Werk eine Stärkung der Kampfkraft der Nation in einem allerdings ganz umfassend verstandenen Sinn? Oder aber könnte von dem Werk eine Schwächung, eine Unsicherheit ausgehen? Im letzteren Fall wird der volksverantwortliche Dichter – gesetzt, er ist von einem Schicksal erschüttert und zur Gestaltung aufgerufen, dieses Werk erst dem Volk vorlegen, wenn es den Kampf auf Leben und Tod siegreich bestanden hat.

Heute also wird das Starke, das Tröstliche, das Gläubige, das stille feste Dennoch im Mittelpunkt der Verkündigung des Dichters stehen, alles Grauen der Tiefe wird schweigsam darinnen sein, wird nicht etwa billig wegdiskutiert oder oberflächlich übersehen werden. Doch Gegenstand und Mittelpunkt einer Gestaltung wird heute nicht etwa, um einige Beispiele zu nennen, das Zerbrechen einer Ehe am Krieg, die Verzweiflung und der Untergang eines Schwerverwundeten, der ausweglose Konflikt in der Brust eines Soldaten sein können. [. . .]

Gerhard Schumann: Krieg – Bericht und Dichtung. Zitiert nach: Klaus Vondung: Völkisch-nationale und nationalsozialistische Literaturtheorie. Paul List Verlag, München 1973, S. 61ff. Ausschnitte.

3. Ludwig Büttner: [Literatur und Rasse]

(1938)

[. . .] Wahre künstlerische Leistung ist mehr als Gestaltung mit kulturell-zivilisatorischen Mitteln, die ein bestimmtes technisches und handwerkliches Können verlangt und so nach außen eine gewisse allgemeine Ähnlichkeit und Verbindlichkeit besitzt. Die große künstlerische Leistung ist eine notwendige und zwingende Schöpfung. Sie ist Ausdruck der großen individuellen Persönlichkeit und zugleich Ausdruck einer bestimmten rassentypischen Geisteshaltung. Das eigenste individuelle Erleben wächst immer auch aus einem überindividuellen Lebensgrund. So tragen die Dichtungen eine besondere völkische und rassische Eigenschaft nach der Wahl und Behandlung der

Stoffe, Motive und Personen, nach der Art der Lösung menschlicher Probleme und des geistigen Blickpunktes, nach dem Formwillen und Formgefühl, nach den seelischen Stimmungen, nach der Bewertung weltanschaulicher Ideen und von Charaktereigenschaften. Diese rassentümlich-volkhafte Eigenart ist natürlich zeitlich und landschaftlich variiert. [...]

Die neue Literaturgeschichte verfolgt die Herkunft und die Abstammung der Dichter, um das wirkende Erbe zu erkennen. Die Biologie bezeichnet das Genie als eine günstige Kombination von Erblinien. Die Entstehung der künstlerischen Persönlichkeit beruht auf der Vereinigung wertvoller Erbanlagen und ihrer Entfaltung in einer günstigen Umwelt. Sippenmäßige Häufung von Begabungen ist in der Dichtung viel weniger festzustellen als in der Musik, Malerei und bildenden Kunst. Das Dichtergenie tritt plötzlich und unvorhergesehen auf und verschwindet ebenso schnell wieder. Die Kombination ist erbflüchtig, nur die Teilbegabungen werden vererbt. Die biologisch eingestellte Literaturgeschichte will in den Anlagen und Leistungen der Vorfahren den günstigen und wertvollen erblichen Nährboden aufzeigen und die Richtung und Art des Charakters, des Temperaments und der Begabung aus dem Erbe deuten. Die Betrachtung der erbmäßigen Herkunft und der Blutmischung wird manche Eigenart der Dichter deuten helfen, die bisher rätselhaft und unveränderlich gewesen ist. Denn die Macht des Blutes, das von den Vätern überkommen ist, lebt in den Nachfahren. Das rassenhafte Erbe ist ein Dauerndes, das durch die Geschlechter geht und den Einzelnen als Glied eines größeren Ganzen übergreift. Es wirkt mehr oder weniger stark, mehr oder weniger gebrochen im Dichter und bestimmt ihn, trotz aller Bildung und persönlichem Schicksal, Geist der Zeit und fremdem Milieu. [...]

Zum Menschen gehört auch die *Landschaft,* in der er lebt und die sich seine Seele gleichsam geformt hat. In der artfremden Landschaft wandelt sich die Seele, ohne sich im Grunde zu wandeln. Die Seele hungert nach der alten Heimat, und sie vermag in fremder Landschaft haltlos zu werden und zu sterben. Die Dichter vermögen den Menschen am deutlichsten in seiner heimatlichen Landschaft zu schauen und in der elementaren Gesetzlichkeit dieser Bindung. So vermögen wir in der Dichtung die wesenhafte Verbundenheit zwischen Rasse und Landschaft, die Landschaft als unbewußtes seelisches Dauerbild in der jeweiligen Menschenart am deutlichsten zu verfolgen. [...]

Zitiert nach Sander L. Gilman (Hrsg.): NS-Literaturtheorie. Athenäum, Frankfurt a. M. 1971, S. 60 ff. Ausschnitte.

4. Hellmuth Langenbucher: [Das Bild der Lyrik in der nationalsozialistischen Literaturwissenschaft]

(1935)

Wir deuteten schon die Tatsache an, daß die neue Lyrik noch mehr als die dramatischen Formen unmittelbar aus dem deutschen Aufbruch herausgewachsen und in ihrem Entstehen und Werden selbst treibende Kraft dieser Lebensbewegung geworden ist. Die Lyrik ist *die* Form, die die am meisten verdichtete Fassung des Zeitgefühls und Deutung seiner wesentlichen Gestaltungsströme in der Unmittelbarkeit des Erlebens möglich macht. Die Frage der Ausdrucksform eines schöpferischen Willens ist in Zeiten so starker kämpferischer Bewegungen, wie wir sie seit zwanzig Jahren miterleben, recht oft eine Frage der Zeit, so nebensächlich diese Aussage zunächst scheinen mag. Ein Gedicht mochte der Soldat des Weltkriegs selbst noch im währenden Trommelfeuer niederschreiben auf irgendeinen Fetzen, der zum Greifen für ihn bereit war; ein paar Gedichte mochten ihm in Tagen der Ruhe gelingen, sie machten ihn frei, sie nahmen ihm die Last der Eindrücke und Empfindungen ab; ein Gedicht schrieb der SA-Mann, wenn er in der Nacht von schwerem Dienst heimkam, er schrieb es seinen Kameraden zur Anfeuerung und zur Bestätigung ihres Einsatzes; sie lasen es in ihrem Kampfblatt oder es wurde ihnen vorgesprochen. Romane aber wurden nicht im Schützengraben, sie wurden auch nicht im politischen Kampf der Bewegung oder wurden dann nur durch die, die selbst durch den Kampf nicht abgehalten waren; das Gedicht aber ist allezeit dankbares Gefäß für das Gefühl, für die Empfindung, die im Sturm des Geschehens den zur Aussprache Berufenen anfallen; im Gedicht lebt der Atem des Kampfes am lebendigsten weiter; mag es oft dem Tag verhaftet sein und als Kunstwerk nicht dauern, es erfüllt seine Sendung am Tag, und auch diese Sendung hat ihren hohen Sinn in Zeiten, da der Tag das Einzige war, mit dem der Einzelne und die Gemeinschaft noch rechnen konnten; in Zeiten, da jeder Tag Lücken in die Reihen der marschierenden Kolonnen riß, da das Volk jeden Augenblick in der Gefahr stand, zum Opfer eines ungeheuren geschichtlichen Verrates zu werden. Mag auch vieles von dem, was so aus dem Tag herausbrach, nur ein Blatt sein, das der Sturm der Zeit alsbald wieder in die Vergessenheit verwehte, so war es doch im Vorübergehen eine *Kraft,* an die der Kämpfende glaubte, die ihn mit- und die ihn hochriß. Das Gedicht selbst kämpfte; es trug den Glauben der marschierenden Regimenter des neuen Deutschland, und es flog aus ihren Reihen auf, hinein in das Volk und riß Zehntausende mit und rüttelte Hunderttausende wach; es wurde ein Zauber, der mit magischer Gewalt eine kämpfende Gemeinschaft umspannte und ein Volk eroberte. [...]

[Traditionelle und neue Lyrik]

[...] Der Dichter steht nicht in seiner eignen Welt, sondern im Ring der Gemeinschaft; Lyrik war lange Zeit die ichbezogenste Form, die wir kannten; sie fordert *heute* mit ausschließender Selbstverständlichkeit das Du, da sie nur aus dem Wir lebt; es ist also nicht verwunderlich, daß wir heute in einem Blütezeitalter des wiedererweckten und des neu werdenden Volksliedes leben; das Hineinwachsen in den ewigen Volksbesitz aber war noch immer ein zuverlässiger Maßstab für den Kunstwert des gestalteten Wortes, wenn wir diesen Kunstwert in erster Linie als Lebenswert deuten. [...]

[...] Hingewiesen sei nur noch auf einen bemerkenswerten Unterschied, den wir beobachten können, wenn wir Stücke aus der Zeit *vor* dem Umschwung mit solchen aus der Zeit *nach* dem Umschwung vergleichen. Die Dichtungen aus der Zeit vor dem Umschwung kennzeichnet eine eigentümliche Schwere, Melancholie, die manchmal fast zur Hoffnungslosigkeit wird, diese innere Haltung überträgt sich auch auf die Form, die uns immer ergreift, die uns oft aber niederdrückt, mit einer tiefen, beengenden Schwere; dem gegenüber steht das Befreiende, Mitreißende, Freudige, ja Jubelnde der Lieder, die im neuen Reich entstanden sind. [...]

[... Diese] Gedichte sind heute schon zu einem großen Teil zu Liedern geworden, und sie werden in ein paar Jahren zu Volksliedern geworden sein, so innig und unlöslich in das Leben des Volkes eingegangen, daß ihre Verfasser, wie wir es heute schon in einer Reihe von Fällen finden, vergessen sein werden, vergessen freilich nicht als Träger eines über diese Liedverdichtung hinausgehenden weiteren Schaffens, sondern eben nur als Schöpfer von Liedern, die das Volk alsbald als seine eigenen Lieder aufgenommen und zu seinem unveräußerlichen Besitz gemacht hat. Eine Reihe junger und jüngster Dichter sehen wir nicht nur als Glieder der braunen Kolonnen, sondern auch in der *künstlerischen Gefolgschaft* des Kampferlebens unserer Zeit, an dem sie tätigen Anteil haben und das sie dem Volk unverlöschlich ins Gedächtnis zu schreiben berufen wurden. Vieles davon ist noch ungedruckt oder nur in Zeitschriften und Zeitungen veröffentlicht oder im Rundfunk gesprochen worden. Bemerkenswert ist dabei stets die ungeheuere, oft fast erdrückende Wucht der Empfindung und die Klarheit, mit der sie ausgesprochen wird. [...]

[Lyrik der Arbeitswelt]

[...] Dazu tritt das Leben, das aus dem Aufbruch geboren worden ist durch eine der größten Umwälzungen dieser Zeit, die wir sehen dürfen in der neuen Sinnerfüllung der Arbeit und in der Wiedergewinnung des deutschen Arbeiters für Volk und Vaterland. Was bisher niederdrückend aus dem Ressentiment des Proletentums herausstieg, das bricht heute hell und gläubig hervor aus der Empfindung des arbeitenden Menschen, der als ein wertvolles und vollgültiges Glied der Gemeinschaft im Tragen seiner Arbeit, bei der nicht das Ausmaß, sondern die innere Haltung gewertet wird, in das Schicksal des Volkes hineingebunden worden ist. Die Welt der Maschinen und Hochöfen und alles dessen, was dazu gehört, einst empfunden als Dämonie und als Todfeind des Menschlichen, ist heute, da sie einbezogen ist in den großen Raum eines neuen Arbeitssinnes, zum gläubigen Bekenntnis geworden, oder doch wenigstens zu einer ehrlichen Gegnerschaft, mit der man sich gern und freudig mißt. [. . .]

[. . .] Es ist weiterhin bezeichnend die Verbindung bäuerlicher Arbeitswelt mit der des Industriearbeiters, auch hier finden wir nicht mehr Lager, die einander feindlich gegenüberstehen, sondern ein Gemeinsames und Ganzes, das in seinen einzelnen Teilen sich gegenseitig, das damit die neue Volksgemeinschaft trägt, zu der alle sich bekennen, ohne den Blick des Hasses, mit dem sie sich sonst begegnen mochten. [. . .]

Hellmuth Langenbucher: Nationalsozialistische Dichtung. Einführung und Übersicht. Junker und Dünnhaupt, Berlin 1935, S. 48/49, 53, 56, 58–60. Ausschnitte.

5. Martin Wähler: [Lyrik im Unterricht]

(1934)

[. . .] Werden denn aber die Kampflieder, die auch in der Hitlerjugend gesungen werden, wirklich voll verstanden, wie z. B. ›Volk ans Gewehr‹? Wenn man diese Frage verneinen muß, empfiehlt es sich überhaupt, sie von den Jungen singen zu lassen? Die Antwort kann nur lauten: ja! Denn einmal ist nicht der Text beim Kampflied das Entscheidende, sondern der Ton. Vom Rhythmus geht stets die befreiende Kraft aus, er ist das Bestimmende, er schafft die Begeisterung. Und dann hat auch für das politische Kampflied Geltung, was Otto von Greyerz, der in seinen Erinnerungen aus seiner Jugendzeit ein wundervolles Bild von dem vielfachen Singen in seiner elterlichen Familie gibt, nach der Schilderung der Empfindungen, die sich ihm dabei auslösten, sagt: »Das Kind braucht eben den Wortlaut eines Liedes durchaus nicht zu verstehen, um vom Sinn tief ergriffen zu werden. Die geheimste Poesie einer Dichtung ist ja auch nicht dort, wo man versteht, begrifflich versteht; sondern sie lebt und webt in dem bloß fühlbaren Zusammenhang und strömt in das Gefühl des Hörers über wie der Herzschlag des Liebenden in das Herz der Geliebten. Gefühl ist alles.« Die breiten Volksmassen unterscheiden sich in diesem Punkte nicht wesentlich vom Kinde. Es geht darum nicht an, die Lieder durch die Brille rein gedanklicher Logik anzusehen. Man würde dabei die Art des Volkslebens, das sich nicht logisch vollzieht, unberücksichtigt lassen. Und gerade das politische Kampflied verlöre seine Gültigkeit, wenn es nach ihm wesensfremden Werten beurteilt würde. Die harte Zeit des Kampfes, in der es entstand, schließt rein formale, rein ästhetische Wertungen aus. [...]

[...] Das Wesentlichste ist: Die politischen Kampflieder sind Gemeinschaftslieder. Nur von Gruppen werden sie gesungen, kein Erwachsener singt sie im allgemeinen für sich allein. Durch diese Gemeinschaftslieder sind auch die jungen Menschen zu einem Block zusammengeschweißt worden. Mit ihnen haben die marschierenden Kolonnen die nationalsozialistische Bewegung verbreitet, in einem höheren Maße, als das in Deutschland durch das propagandistische Wort möglich ist. [...]

Die Ansatzpunkte für die Behandlung der politischen Kampflieder im Unterricht sind mannigfacher Natur. Sie dürfen auf keinen Fall durch Erklärung zerpflückt werden, dessen bedürfen sie nicht. Der begeisternde Schwung, den sie bei den Jugendlichen auslösen, wenn sie von ihnen gesungen werden, könnte durch Wort- oder Sachinterpretation nur gemindert werden. [...]

Eine vergleichende geschichtliche Betrachtung gerade über das Lied, das das Volk – wenn auch unter Verwendung von allerlei Brocken, die von der sozialen Oberschicht in die Unterschicht herabfallen – aus sich selbst geschaffen hat und darum auch als volles Eigentum besitzt, wird von den tiefen Schichten des Seelen- und Gemeinschaftslebens des deutschen Volkes erzählen und mit einem Appell an Herz und Hirn mehr für die Bildung von Volksgemeinschaft erreichen als rein gedankliche Darlegungen. [. . .]

Martin Wähler: Das politische Kampflied der Gegenwart. In: Zeitschrift für Deutschkunde 48. B. G. Teubner, Leipzig und Berlin 1934, S. 137–139. Ausschnitte.

II. Faschismus und Dichtung – Aspekte der neueren Forschung

1. Klaus Vondung: [Zum sozialhistorischen Kontext faschistischer Dichtung]

(1976)

[...] Die nationalsozialistischen Autoren, ältere wie jüngere, entstammten mit wenigen Ausnahmen der Schicht des gebildeten Mittelstands, die gemeinhin als ›Bildungsbürgertum‹ bezeichnet wird. Wichtigstes Kriterium der Zugehörigkeit zu dieser Schicht war bis ins 20. Jahrhundert hinein neben der geistigen Bestimmung durch das ›humanistische‹ oder ›klassische‹ Bildungsideal die Ausbildung; die »fest abgegrenzte Kernmasse« des Bildungsbürgertums stellten die Akademiker. Unter den Randgruppen der Schicht, die seit Ende des 19. Jahrhunderts eine akademische Aufwertung ihrer Ausbildung betrieben und ein wichtiges Reservoir von Aufsteigern in den Akademikerstand bildeten, sind unter anderem Absolventen von Fachhochschulen und vor allen Dingen Volksschullehrer zu nennen.

Eine Stichprobe von 50 nationalsozialistischen Schriftstellern, welche den größten Teil der wichtigeren Namen erfaßt und quer durch die Generationen geht, ergibt, daß 38 von ihnen an einer Universität studierten (= 76%), 2 an einer Fachhochschule (= 4%), 6 eine Ausbildung zum Volksschullehrer erhielten (= 12%). Zusammen kommen diese drei Gruppen auf 92% der Erfaßten. Das Gewicht dieser Zahl erhöht sich noch, stellt man in Rechnung, daß unter den 4 Autoren, die nicht studierten, 2 der insgesamt 4 Frauen der Stichprobe zu finden sind; die anderen beiden waren Volksschullehrerinnen. Ein weiteres wichtiges Ergebnis der Stichprobe ist, daß 60% der Akademiker Geisteswissenschaften (einschließlich Theologie) studierten, gegenüber 22,2% Staatswissenschaften (einschließlich

Jura) und 17,8% Naturwissenschaften (einschließlich Medizin).
Ein Blick auf die Väter dieser nationalsozialistischen Schriftsteller zeigt darüber hinaus ein Charakteristikum, das von Historikern und Soziologen als schichtspezifisch für das Bildungsbürgertum des 19. und beginnenden 20. Jahrhunderts erkannt worden ist, nämlich daß sich dieser Stand zu einem großen Teil aus sich selbst rekrutiert, zu einem anderen Teil aus dem übrigen ›alten Mittelstand‹, als dessen Kern der ›Stand der Gebildeten‹ angesehen werden kann. Von den 45 Vätern der erfaßten Schriftsteller, deren Berufe festgestellt werden konnten, sind 19 (= 42,2%) dem gebildeten Mittelstand zuzurechnen (10 Akademiker, 7 Volksschullehrer, 1 Architekt, 1 Bildhauer). Dem restlichen ›alten Mittelstand‹ gehörten 16 (= 35,5%) an, zusammen 77,7%. Bei den Gebildeten fällt außerdem der hohe Anteil an Lehrern auf, die aufgrund ihrer Tätigkeit zur sozialaktivsten und sozialwirksamsten Berufsgruppe des Bildungsbürgertums zu zählen sind; die 12 Hochschul-, Gymnasial- und Volksschullehrer stellen 26,7% der Gesamtzahl.

[Niedergang des Bildungsbürgertums]

Die Tatsache, daß die nationalsozialistischen Schriftsteller fast ohne Ausnahme durch Ausbildung und zum größten Teil durch Herkunft dem gebildeten Mittelstand angehörten, gewinnt Aussagewert, wenn man sie mit der Sozialgeschichte dieses Standes in Verbindung bringt. Nach Theodor Geiger war das Bildungsbürgertum »ein wirklicher Stand einst, mit eigenen Sitten und Konventionen, einer eigenen Lebenseinschätzung und Lebensführung, eine Welt für sich, in breiten Teilen minder begütert als das Besitzbürgertum, aber zu stolz auf seinen geistigen und sozialen Rang, als daß es ›die Geldmacher‹ als Seinesgleichen erachtet hätte«. Erworben hatte es den geistigen und sozialen Rang durch die philosophischen und literarischen Leistungen seiner Protagonisten – die Philosophie des Idealismus und die Literatur der deutschen Klassik –, mit der Ausübung gesellschaftlich relevanter und dadurch Prestige verleihender Berufe in Staatsverwaltung, Universität, Kirche und Schule sowie durch seine lange Zeit wahrgenommene Rolle als Avantgarde und politischer Sprecher des ›dritten Standes‹, des gesamten ›Bürgertums von Besitz und Bildung‹ – die Abgeordneten der Frankfurter Nationalversammlung von 1848 waren zu zwei Dritteln Akademiker.

Mit dem Scheitern der Revolution von 1848 und der Niederlage der Liberalen im preußischen Verfassungskonflikt begann jedoch der Niedergang des Bildungsbürgertums, das sich bereits in der Wilhelminischen Zeit in einer tiefgreifenden Krise befand. Diese Krise war im wesentlichen Ergebnis der Industrialisierung und der innenpolitischen Entwicklung Deutschlands. Die Industrialisierung führte zu einer Umstrukturierung des Schichtgefüges der deutschen Gesellschaft, die vor allem auch eine Desintegration des alten ›Bürgertums von Besitz und Bildung‹ zur Folge hatte: Ein Teil des Besitzbürgertums spaltete sich ab und bildete als industrielle Großbourgeoisie eine neue Oberschicht; Teile des handwerklichen, gewerblichen und handeltreibenden Mittelstands sanken in die neue Klasse der Industriearbeiterschaft ab, der Rest sah sich von dieser Klasse mehr und mehr bedroht. Andererseits begann sich ein ›neuer Mittelstand‹ »lohnabhängiger Geistes- und Schreibsesselarbeiter« zu bilden, von dem das alte Bildungsbürgertum aufgesogen zu werden drohte. So sah sich dieser Stand in einer höchst unsicher gewordenen sozialen Situation.

Zugleich mußten die an humanistischen und klassischen Bildungsidealen hängenden Gebildeten Einbußen an gesellschaftlicher Funktion und an Prestige hinnehmen. Mit fortschreitender Hochindustrialisierung wurde der gesellschaftliche Bedarf an Naturwissenschaftlern, Ingenieuren, Technikern und Verwaltungsfachleuten immer größer; im Ausbildungswesen nahmen demzufolge Realschulen, Fachschulen und Technische Hochschulen an Bedeutung zu; die technisch-naturwissenschaftlichen Berufe gewannen, ihrer gesellschaftlichen Funktion ent-

sprechend, an Prestige. Die Geisteswissenschaften hatten dagegen – wie Theobald Ziegler beobachtete – mehr und mehr unter der »Minderschätzung der Zeit« zu leiden; insgesamt »ging der Glaube an den akademischen als den allein seligmachenden Bildungsgang verloren«. [...]
Die politischen, gesellschaftlichen und ökonomischen Folgen des Ersten Weltkriegs beschleunigten den endgültigen Niedergang des Bildungsbürgertums. Theodor Geiger urteilte 1932: »Wenn *ein* Element der Gesellschaft des vorigen Jahrhunderts darüber klagen kann, daß es seines Ranges und seiner Bedeutung im sozialen Gesamtgefüge verlustig gegangen sei, so ist es der Stand der Gebildeten in viel höherem Grade, als die alten Besitzbürgerstände.« Geiger sah sogar den »Stand als solchen [...] aufgelöst oder doch beim jungen Nachwuchs in Auflösung begriffen«: »Als *Bildungstand* haben die Akademiker nicht mehr den einstigen Zusammenhalt, seit akademisch-theoretische Bildung im Kurs so sehr gesunken ist, als *Berufstand* verschwinden sie nachgerade ebenfalls. Was man vor 25 Jahren einen ›heruntergekommenen Akademiker‹ nannte und mit Blicken des Mitleids halb und halb des Abscheus betrachtete, das ist heute zu einer typischen Figur des Akademikerschicksals geworden.« Unter den nationalsozialistischen Schriftstellern waren mehrere solcher ›heruntergekommener Akademiker‹, die – mit oder ohne Studienabschluß – vor allem während der beiden großen wirtschaftlichen Krisen der Weimarer Republik Schwierigkeiten hatten, ihrer Ausbildung und ihren Vorstellungen entsprechende berufliche Positionen zu erlangen. Noch stärker als unter wirtschaftlichen Problemen litten sie jedoch alle unter dem Prestigeverlust ihres Standes. Als Individuen aber konnten sie sich in der freien Atmosphäre der Weimarer Republik intellektuell und künstlerisch nicht gegen diejenigen durchsetzen, die sich im Unterschied zu ihnen den politischen, geistigen und ästhetischen Herausforderungen der Zeit stellten. Das Gefühl, in der Konkurrenz mit diesen Intellektuellen und Künstlern zu unterliegen, verstärkte noch ihr Defizienz[1]- und Krisenbewußtsein. [...]

[Die Bedeutung des Ersten Weltkriegs]

Der Ausbruch des Ersten Weltkriegs verursachte bei den Gebildeten heftigere Reaktionen als in anderen Bevölkerungsschichten und veranlaßte sie zu noch ausgreifenderen und auch gewalttätigeren Sinnentwürfen. Was sie vom alltäglichen Gang der Dinge in Politik und Gesellschaft kaum erwarten durften, erhofften sie nun vom Krieg: Schriftsteller und Professoren, Lehrer und Pastoren deuteten den Krieg als apokalyptisches[2] Ereignis, das die geeinte Volksgemeinschaft herstellen werde; der Phönix, in dessen Gestalt sie den ›deutschen Geist‹ »aus dieses Weltbrands Flammen« steigen sahen, symbolisierte zugleich ihre Hoffnung auf soziale Rekonstitution[3] der Träger des Geists.

Die Niederlage Deutschlands im Ersten Weltkrieg führte bei denjenigen, die sich schon so weit im Gestrüpp ideologischer Realitätsdeutungen verfangen hatten, nur selten zur Ernüchterung. Ihre Ordnungsmodelle waren bereits zur Wilhelminischen Zeit der politischen und gesellschaftlichen Wirklichkeit inadäquat gewesen; die Entwicklungen und Probleme der Nachkriegsgesellschaft konnten von Modellen mit solch reduziertem Realitätsgehalt erst recht nicht adäquat erfaßt werden. Die durchaus vorhandene Erfahrung dieser Diskrepanz hatte – bei gleichzeitig mangelnder Einsicht in deren Ursachen – eine weitere Verhärtung der ideologischen Realitätsdeutungen zur Folge. Angesichts des Verlusts äußerer Macht und der fortschreitenden Desintegration im Innern fixierte sich das Bewußtsein, aus dem realitätsadäquate Ordnungsmaßstäbe zur Bewältigung gesellschaftlicher Probleme geschwunden waren, um so mehr auf jenes Substrat, das allein noch das allen Gemeinsame und insofern die einzig verbliebene Basis für eine ›neue Gemeinschaft‹ zu sein schien. In seinem Roman ›Der Befehl des Gewissens‹, der in den chaotischen ersten Nachkriegsjahren spielte, brachte Hans Zöberlein diese Fixierung auf die prägnante Formel: »Und

(1)* Mangel.
(2)* endzeitliches.
(3)* Wiederaufbau.

Blut ist das Beste und das Einzige, was wir noch haben.« Die Volksgemeinschaft, die sich auf der Basis artgleichen Blutes als neue Ordnung aufbauen sollte, war durch den Krieg nicht herbeigeführt worden. Sollte er nicht sinnlos erscheinen, mußte er so gedeutet werden, als habe er zumindest »die deutsche Volksgemeinschaft *seelisch* begründet«, die Aktualisierung der im Bewußtsein präfigurierten »neuen Volksgemeinschaft« wurde der Zukunft aufgegeben und schließlich im Dritten Reich von Schriftstellern wie Politikern für vollzogen erklärt.

[Faschismus und Herrschaft des Geistes]

Die Personen, die nach dem Ersten Weltkrieg den Nationalsozialismus als parteipolitische Bewegung begründeten, zehrten ideologisch von der Literatur der ›Gebildeten-Revolte‹ aus Wilhelminischer Zeit, Weltkrieg und erster Nachkriegszeit. Diese Literatur hat also den Nationalsozialismus selbst mit geschaffen; [. . .]
In soziopolitischer Hinsicht blieben Gebildete dem nationalsozialistischen Herrschaftssystem in besonderer Weise verbunden: In einer Untersuchung über die ›Nazi Elite‹ stellten Lerner, Pool und Schueller fest, daß die Funktionäre des Dritten Reichs, die als ›Propagandisten‹ bezeichnet werden können, vorwiegend von Journalisten, Lehrern und Künstlern gestellt wurden; zwei Drittel der ›Propagandisten‹ hatten an einer Universität studiert, gegenüber einem Drittel der übrigen Parteifunktionäre. [. . .]
Als Fazit ergibt sich, daß an der Genese des Nationalsozialismus eine spezifisch bildungsbürgerliche Ideologietradition beteiligt war, die vor allem auch von literarischen Werken getragen wurde, und daß der Nationalsozialismus dieser Tradition zum Teil verbunden blieb, in einigen Bereichen auch ihren genuinen sozialen Trägern. Der politische Nationalsozialismus knüpfte so an den bildungsbürgerlichen ›literarischen Nationalsozialismus‹ an, aber hob ihn zugleich auf: er nahm eine neue Qualität an, insofern er es verstand – nicht zuletzt dank Hitlers Willenskraft, energischer praktischer Intelligenz und politischer

Gerissenheit –, die übernommenen Ideologeme auf die konkrete soziopolitische Situation zu beziehen, sie dieser Situation gegebenenfalls pragmatisch anzupassen, in die Tat umzusetzen und dadurch politische Dynamik und Sozialrelevanz zu gewinnen. [...]

Im Dritten Reich mußten die Schriftsteller, die sich als Inauguratoren der neuen Volksgemeinschaft verstanden, die Chance sehen, nun auch die ›Herrschaft des Geistes‹ auszuüben oder zumindest an der politischen Herrschaft teilzuhaben. Sie versuchten in unterschiedlicher Weise, ihren Anspruch zu verwirklichen. Die älteren begnügten sich meist mit Ehrenpositionen, einem Platz in der Deutschen Akademie der Dichtung, Preisen und Auszeichnungen und mit dem Genuß, sich als Poetae laureati[4] des neuen Staats fühlen zu können. Die jüngeren jedoch hatten vom politischen Nationalsozialismus gelernt, wie Ideologie in Politik und Geist in Macht umgesetzt werden kann; sie drängten in die politischen Institutionen. Von den 45 Schriftstellern der oben aufgeführten Stichprobe, die 1933 noch lebten, wurden 15 Mitglieder der Deutschen Akademie der Dichtung, 19 Funktionäre in den verschiedensten staatlichen oder parteiamtlichen Institutionen, vom Präsidialrat der Reichsschrifttumskammer über Reichspropagandaleitung, Reichsjugendführung und Oberster SA-Führung bis zum Rasse- und Siedlungshauptamt der SS. Das Durchschnittsalter der Funktionäre war 1933 34,9 Jahre (9 waren jünger als 30), das der Akademie-Mitglieder 53,3 Jahre.

Die Literaturpolitik des Dritten Reichs ist demnach nicht nur so zu verstehen, daß politische Institutionen die Literatur als propagandistisches Instrument heranzogen und einsetzten, sondern zumindest auch so, daß eine Literatur, die mit ihren Ideologemen geholfen hatte, den Nationalsozialismus ins Leben zu rufen, mit dessen Machtantritt daranging, sich selbst politisch zu verwirklichen. [...]

---

(4)* gekrönte Dichter.

Klaus Vondung: Der literarische Nationalsozialismus. Ideologische, politische und sozialhistorische Wirkungszusammenhänge. In: Horst Denkler/Karl Prümm (Hrsg.): Die deutsche Literatur im Dritten Reich. Themen – Traditionen – Wirkungen. Reclam, Stuttgart 1976, S. 52 ff. Ausschnitte.

2. Dietrich Strothmann: [Der Dichter als ›soldatischer Erziehungsbeamter‹]

(1960)

[...] Auch ohne die Begründung eines allgemein-verbindlichen Stiles waren die im Kulturleben wirkenden Berufsgruppen an eine den Staat tragende autoritäre politische Idee gebunden. Sie allein sollte ihnen die Berechtigung, Qualität und Wirksamkeit ihrer Tätigkeit bieten. Es war das Ziel der NS-Literaturpolitik, auch den Dichter zum Sprecher dieser Weltanschauung zu machen.

Hitler selbst hatte als der ›erste Künstler‹ des Dritten Reiches die Marschroute der Kunstentwicklung bestimmt:

»Für was wir zu kämpfen haben, ist die Sicherung des Bestandes und der Vermehrung unserer Rasse und unseres Volkes, die Ernährung unserer Kinder und die Reinerhaltung des Blutes, die Freiheit und Unabhängigkeit unseres Vaterlandes, auf daß unser Volk zur Erfüllung der auch ihm vom Schöpfer des Universums zugewiesenen Mission heranzureifen vermag. Jeder Gedanke und jede Idee, jede Lehre und alles Wissen haben diesem Zweck zu dienen. Von diesem Gesichtspunkt aus ist alles zu prüfen und nach seiner Zweckmäßigkeit zu verwenden oder abzulehnen.«

Solche ›Dienerschaft‹ dem Staat und seiner Führung gegenüber war eine Forderung, die auch an die Schriftsteller gestellt wurde und die mit der Gründung der RSK[5] verwirklicht werden sollte. Bei der rechtlichen Begründung

(5)* Reichsschrifttumskammer; eine Abteilung der Reichskulturkammer. Nur die hier erfaßten Schriftsteller erhielten die Chance, öffentliches Gehör zu finden.

dieser Zwangsorganisation mußte daher die neue Aufgabenstellung der ›Kulturschaffenden‹ definiert werden. Karl-Friedrich Schrieber, der Rechtsreferent der RKK[6], wies dem Autor jenes Abhängigkeitsverhältnis zu: »Träger des Staates ist der Nationalsozialismus. Es kommt daher darauf an, das Volk zu ihm zu erziehen ... Diese Erziehung obliegt in erster Linie den Menschen, die in schöpferischer Arbeit das geistige Gesicht des deutschen Volkes bestimmen. Sie werden deshalb ihre Aufgaben nur dann erfüllen ... wenn sie ... sich mit ihrem Wirken für die Ziele des neuen Staates einsetzen.«
Der zweite Interpret des Kammergesetzes, Hans Schmidt-Leonhardt, wies dem Schriftsteller eine »geistig einwirkende, d. h. im nationalsozialistischen Sinne politische Tätigkeit« zu, da die Kultur »Teilnahme an einer Führungsaufgabe« sei, die daher ein »Zusammenwirken mit der Staatsführung« erfordere.
Die ›Erzieher‹-Funktion wurde damit ein staatspolitischer Anspruch, bildete Voraussetzung und Wertmaßstab für den Schriftsteller und seine Arbeit. Indem ihm die Stellung eines ›Kämpfers‹, eines Propagandisten und Hüters der ›völkischen Substanz‹ zugewiesen wurde, erfolgte eine von den Organen des Staates geförderte Steigerung seines gesellschaftlichen Ansehens. Er war nicht mehr auf sich allein gestellt im Erwerbskampf und in der geistigen Auseinandersetzung. Als politisch-literarischer Publizist wurde der Autor durch die Organisationen und Förderungsmaßnahmen von Staat und Partei gestützt. Den übrigen Berufen ebenbürtig, erhielt er daher als Träger der ›Volksgemeinschaft‹ die Bezeichnung ›Schrifttumsschaffender‹. [...]

Dietrich Strothmann: Nationalsozialistische Literaturpolitik. Bouvier, Bonn 1960, S. 82 f. Ausschnitt.

---

(6)* Reichskulturkammer; eine Unterabteilung des Goebbelschen Reichsministeriums für Volksaufklärung und Propaganda. Die Reichskulturkammer erfaßte das gesamte kulturelle Leben.

3. Rainer Stollmann: [Ästhetisierung der Politik]

(1976)

[...] Die Ästhetisierung des politischen Lebens im Dritten Reich zeigt sich zunächst in der Durchsetzung des Alltagslebens mit Feiern, Appellen, künstlich erwecktem Brauchtum, inszenierter Folklore. Analog zum Feierjahr der christlichen Kirche gab es ein ›NS-Feierjahr‹ mit einer Vielzahl von Feiertagen, die alle mehr oder minder festlich begangen wurden. Sie unterscheiden sich nach ihrem Inhalt und der Art ihrer Entstehung: Nationalsozialistische Gedenktage wie zum Beispiel der ›Tag der Machtergreifung‹ am 30. Januar, die ›Verkündung des Parteiprogramms‹ am 24. Februar, der ›Geburtstag des Führers‹ am 20. April und ›germanische‹ Feiertage wie ›Winter- und Sommersonnenwende‹ einerseits; andererseits ›Germanisierung‹ und nationalsozialistische Umfunktionierung christlicher Feiertage wie Pfingsten (›Fest des Hohen Mai‹, ›Fest des Lebens‹) und Weihnachten (›Fest des aufsteigenden Lichts‹) und Umdeutung vorhandener staatlicher Feiertage wie des ›Volkstrauertags‹ (eingeführt 1925 zum Gedenken an die Gefallenen des Ersten Weltkrieges) zum ›Heldengedenktag‹ und des internationalen Feiertages der Arbeiterbewegung am 1. Mai zum ›Tag der nationalen Arbeit‹, zur Feier der ›deutschen Volksgemeinschaft‹, die zudem Züge eines ›Frühlingsfestes‹ erhielt. ›Morgenfeiern‹, die von der Hitlerjugend zuerst in ihren Lagern gefeiert wurden, sowie ›Lebensfeiern‹ sollten Ersatz für die christliche Morgenandacht, den sonntäglichen Gottesdienst und kirchliche Zeremonien wie Taufe, Hochzeit, Begräbnis sein. In den nationalsozialistischen Organisationen und im Berufsleben war die Teilnahme an den Feiern weitgehend obligatorisch. [...]

Mit den Inszenierungen der Reichsparteitage erbrachte der deutsche Faschismus seine größten ästhetischen Leistungen. Das Nürnberger Reichsparteitagsgelände war mit seiner Fläche von 30 Quadratkilometern bis zum Beginn des Westwallbaus »der größte Bauplatz Deutschlands«.

»Auf dem Märzfeld, so genannt nach der deutschen Wiederbewaffnung im März 1933 [recte 1935], gab die Wehrmacht ihre Schaustellungen. Tanks und alle Arten schwerer Waffen lieferten ihr ›Gefecht‹; Stukas warfen Bomben. Man spielte Krieg. Auf den Tribünen ringsum, berauscht, die künftigen Mitspieler ... Ein martialischer Reichsadler, dessen Schwingen über 80 Meter ausgespannt waren, sollte die Anlagen gegen den angrenzenden Wald (die Kiefern waren durch deutsche Eichen ersetzt worden) nach Süden abschließen. Zurück, die Achse entlang, fiel der Blick auf die alte Stadt Nürnberg, als Abschluß der Silhouette der kaiserliche Burgturm.« Der Parteitag selbst dauerte gewöhnlich eine Woche und bekam zunehmend feste, ritualisierte Formen; der Ablauf der vier größten Kundgebungen war von Hitler festgelegt worden. »Die Feierstunde fand nach Einbruch der Dunkelheit statt, und man arbeitete hier vorzüglich mit raffinierten Beleuchtungseffekten. Glanzstück dieser Gestaltungstechnik war der Lichtdom, der seit 1936 mittels 130 rings um das Zeppelinfeld verteilten Flak-Scheinwerfern in den nächtlichen Himmel projiziert wurde.« Presse, Radio und Film beeilten sich, die ästhetischen Erlebnisse der Reichsparteitage der Bevölkerung mit größter Authentizität zu vermitteln. [...]

Rainer Stollmann: Faschistische Politik als Gesamtkunstwerk. Tendenzen der Ästhetisierung des politischen Lebens im Nationalsozialismus. In: Horst Denkler/Karl Prümm (Hrsg.): Die deutsche Literatur im Dritten Reich, s. o., S. 83 ff. Ausschnitte.

4. Elin Fredsted: [Krieg, Nation, Arbeit und Führertum in der faschistischen Lyrik]

(1980)

[...] Die Kunst unterscheidet sich von der übrigen Propaganda vor allem dadurch, daß sie sich fast ausschließlich mit den positiven Werten des faschistischen Wertdualismus beschäftigt: Die Kunst ist ein positiv integrierendes Medium, das Ideale darstellen und an das Gemeinschafts-

gefühl und die gegenseitige Identifikation der Volksgenossen appellieren soll. Daß die Negativität (die Fremdgruppe) in den traditionellen ästhetischen Medien fast nie auftritt, muß in Verbindung mit der Tatsache gesehen werden, daß die Kunst als ein ästhetisch erhobenes Medium sich mit dem ›Guten und Schönen‹ beschäftigen soll. Z. B. gestaltet die nationalsozialistische Malerei fast nur Idealbilder, während die Darstellung der Negativität, des Feindbildes, weniger erhobenen Medien wie Film, Photo und Karikatur vorbehalten ist. Genauso ist es die Aufgabe der Lyrik, Ideale zu gestalten, d. h. in erster Linie die Volksgemeinschaft und das Führertum.
Die Kunst sollte den Eindruck vermitteln, daß die NS-Weltanschauung trotz der aggressiven Primitivität der Propaganda und der Brutalität der politischen Praxis auch ihre ›seriöse‹ Seite hatte.
Die dezente Oberfläche des Faschismus ist eine Voraussetzung seines Erfolgs. Eine destruktive Bewegung erreicht ihren Erfolg nicht dadurch, allein und direkt an die Destruktivität zu appellieren. Um sich zu etablieren, muß sie auch den Idealismus der guten Absichten ausnutzen, einen Idealismus, der den Glauben der Anhänger an ihre eigenen ›edlen‹ Absichten fördert und ihnen hilft, die weniger edlen Motive bei sich selber und bei der Bewegung zu übersehen. [. . .]

[Kampf und Krieg]

Angesichts der dualistischen[7] und polarisierten Weltanschauung ist es nicht überraschend, daß der Kampf ein Zentralbegriff in der nationalsozialistischen Ideologie ist. Es ist also die Aggressivität der Fremdgruppe gegenüber, die ideologisch als ein idealistischer Kampf für das Gute und gegen das Böse interpretiert und legitimiert wird. Der Kampf und damit auch der Krieg werden als gesellschaftlich relevante und vorbildliche Daseinsformen beschrieben. Die Geschichte, die Gesellschaft und das Dasein

---

(7)* hier: in Gut und Böse getrennt.

überhaupt werden in den universellen Kategorien des Kampfes interpretiert: Der Krieg sei ein Kampf für die höchsten Werte wie Nation, Ehre und Rasse, gegen Begriffe wie Bolschewismus, Internationalismus und minderwertige Rassen.

Auch in der Lyrik sind der Kampf und der Krieg zentrale Themen: Diese Kampf- und Kriegslyrik ist vor allem mit dem Ersten Weltkrieg verbunden, der für viele spätere NS-Lyriker ein Schlüsselerlebnis war. Auch die Zeit vom Ende des Ersten Weltkrieges bis zur Machtergreifung – die sogenannte ›Kampfzeit‹ – wird in den Kategorien des Krieges interpretiert. [. . .] Für einige ›patriotische‹ Soldaten war der Kampf für die Größe der Nation nicht 1918 zu Ende, sondern ging – obwohl in anderer Form – in den Kämpfen der Freikorps und der SA weiter. Der Wunsch, sich zu revanchieren, machte eine wichtige emotional-ideologische Kraft aus, die bis 1945 als Mobilisierungsgrundlage weiterlebte. So verstanden die faschistischen Sturmtruppen sich als Rächer der Gefallenen des Weltkrieges. [. . .]

[Gemeinschaft und Nation]

Das Soldatentum wird auf die ganze Gesellschaft übertragen, und der Soldat tritt überall in der Kampflyrik als Vorbild und Norm auf. Zu den Tugenden des Soldaten gehören der Wille und die Fähigkeit zu handeln, ohne zu reflektieren. Der leidenschaftliche Aktivismus und der irrationale Antiintellektualismus werden als Ideale dargestellt. [. . .]

Der ideale Soldat und Bürger im Dritten Reich ist der, der keine Fragen stellt und nicht vom Zweifel genagt ist, sondern die Befehle ausführt. Fragen gilt als unheroisch und die Disqualifikation, die der Zweifel impliziert, verursacht, daß der Zweifel bekämpft und verdrängt werden muß, wenn nötig: mit Gewalt. [. . .]

Während Zweifel und fehlende Zustimmung zur Disqualifikation führen, ergibt sich umgekehrt Qualifikation aus

stummem und blindem Gehorsam, sich im Takt fühlen, Soldat sein. [. . .]
[. . .] Die Nation wird als Organismus dargestellt, und der gemeinsame Rhythmus der Marschierenden sind Herz, Blut und Pulsschlag der Nation: Sich im Takt fühlen heißt, in der Volksgemeinschaft integriert zu sein. Wer nicht mitmacht, sich nicht integrieren läßt und sich dadurch außerhalb der uni-formierten Volksgemeinschaft stellt, dem muß die Pflicht der Volksgemeinschaft gegenüber vorgehalten werden. [. . .]
Die Wörter ›Kamerad‹ und ›Kameradschaft‹ spielen in der Kampflyrik eine große Rolle. Das beherrschende Fronterlebnis des Ersten Weltkrieges scheint vor allem die Kriegskameradschaft zu sein. Vereinzelte Individuen erlebten an der Front eine soziale Gemeinschaft, die sie in Friedenszeiten nicht kennengelernt hatten und die von den sozialen Klassenunterschieden nicht eingeengt war. Das verinnerlichte Erlebnis der heroischen Gemeinschaft war eine wichtige Basis für das faschistische Selbstverständnis. [. . .]
Die Glorifizierung der Frontkameradschaft dient auch als Vorbild für den Esprit de corps[8] der SA und SS. Gerade die uniformierten, maskulinen Kampfgemeinschaften waren für viele attraktiv, weil sie durch gemeinsame Aktionen dem einzelnen ein Gefühl der Machtbeteiligung ermöglichten. Der Wunsch, Angehöriger einer Gemeinschaft zu werden, Freundschaft und Solidarität zu erleben, pervertierte sich in Formen des aggressiven Heroismus. [. . .]

[Das Bild der Arbeit]

Der Volksgenosse muß nicht nur marschieren und kämpfen, er muß auch arbeiten können, um die Wirtschaft, den Produktionsapparat und die Rüstungsproduktion in Gang zu halten. Während des Faschismus wird aber nicht Arbei*ter*literatur geschrieben, sondern Arbeit*s*literatur. Das

---

(8)* Gemeinschaftsgeist.

Interesse sammelt sich um die Arbeit als physische Aktivität und um das sichtbare Arbeitsresultat, nicht um die Gesellschaftsklasse, die die Arbeit ausführt.

Typisch für nationalsozialistische Gedichte und Lieder über die Arbeit ist, daß sie in militarisierten Kategorien dargestellt wird: Die Arbeit ist ein Kampf und der Arbeiter ein Soldat. Diese Militarisierung der Arbeit bekam ihren organisatorischen Ausdruck in den uniformierten Kolonnen des Reichsarbeitsdiensts. Wenn der Arbeiter seine Tätigkeit als Kampf auffaßt, hat er die Möglichkeit, sich selber und seine Arbeitssituation in anderen Kategorien als gewöhnlich zu erleben: Die Arbeit wird eine heroische Tat, aber zugleich wird der Arbeiter derselben Gehorsamspflicht unterworfen wie der Soldat. [. . .]

[. . .] Die Arbeit geht in ›Kolonnen‹ und auf ›Befehl‹ vor sich und ist von militärischer Disziplin geprägt. »Disziplin besteht in der unbedingten Unterordnung des eigenen Willens unter die Gesetze einer Gemeinschaft und die Anordnung ihres Führers«, heißt es in der Dienstvorschrift des Arbeitsdienstes. Das Interesse sammelt sich um die repräsentative Funktion der Straßen als ›Friedenswerk‹ und ›Gemeinschaftsband‹, d. h. Beiträge zur nationalen Einheit. Ideologische Hauptpunkte des Arbeitsdienstes waren die Überwindung der Klassengegensätze und die Beseitigung der Trennung zwischen geistiger und körperlicher Arbeit. Dieses Ziel wird beim Bau der Autobahnen erreicht (»Die Stirn schließt mit der Faust den Bund«). Die Arbeit geht mit vorindustriellen Arbeitsmethoden vor sich, mit Spaten, Hammer und Spitzhacken. Die faschistische Ideologie – besonders in den Varianten, wo der Einfluß der traditionalistischen Substanz der völkisch-nationalen Ideologie markant ist – sowie die meisten nationalsozialistischen Dichter hegten einen ausgesprochenen Abscheu vor dem Industrialismus. Sie beschreiben mit Vorliebe die vorindustrielle Arbeit des Bauern und Handwerkers, während die Industriearbeit ihnen suspekt erscheint. [. . .]

Neben dieser maschinenstürmerischen Tendenz gibt es eine ›modernere‹ Richtung, die die Maschinen und deren Leistungsfähigkeit glorifiziert, eine Tendenz, die mit der

gesellschaftlichen Wirklichkeit des NS-Staates eher in Übereinstimmung war. [...]
Charakteristisch für die Arbeitsbeschreibung der NS-Lyriker ist, daß sie sich nicht für die materielle Seite der Arbeit interessieren. Die Arbeit soll als etwas anderes und mehr erscheinen, als sie ist, und ihr wird deshalb eine Aura von Kunst, Dienst und Opfer verliehen.
Der Gedanke der Volksgemeinschaft beruht darauf, daß der Faschismus das Vorhandensein sozialer Gegensätze leugnet. So existiert der Begriff Arbeiter*klasse* nicht in der faschistischen Terminologie. Auch in der Lyrik wird der Begriff ›Werkleute‹ dem Begriff Arbeiter vorgezogen. Die Vorstellung, der Nationalsozialismus habe die Klassengegensätze aufgehoben, alle Gruppen- und Klasseninteressen überflüssig gemacht und eine soziale Harmonie errichtet, spielt eine wesentliche Rolle in der Vorstellungswelt der NS-Lyriker. [...]
Besonders der Arbeiterklasse gegenüber bemühte sich der Faschismus, sich als eine antikapitalistische, national*sozialistische Arbeiter*partei vorzustellen, und in zahlreichen Propagandatexten werden die Begriffe Sozialismus und Volksgemeinschaft synonym verwendet.
Die Faschisten dünkten sich ohne Zweifel wahre Sozialisten, aber auch der kalkulierte Propagandaeffekt hat eine große Rolle gespielt: Es ging dem Faschismus darum, an die Arbeiterklasse heranzukommen. Um dieses Ziel zu erreichen, ließ sich der Faschismus von seinen Gegnern – besonders von den Kommunisten – belehren: Die Partei übernahm zahlreiche Symbole und Öffentlichkeitsformen, die traditionell der Arbeiterbewegung gehört hatten: die Massenversammlungen, die Gemeinschaftslieder, den Sprechchor etc. Auch die ›proletarischen‹ Kampfformen der SA waren Teil dieser Öffentlichkeit. Der Arbeiterklasse gegenüber wirkten sich diese Nachahmungen als eine Identifikationshilfe aus. Der antikapitalistische und sozialistische Schein des Faschismus hatte aber keinerlei praktisch-politische Konsequenzen. In der politischen Praxis war der Nationalsozialismus sogar sehr antisozialistisch; der sozialistische Schein war aber der Versuch, eine

verbreitete und tiefe antikapitalistische Stimmung aufzufangen.

Die Arbeitsdichtung sollte aber nicht nur an die antikapitalistische Stimmung der Arbeiter appellieren. Das Arbeitsethos der Lyrik hatte durchaus auch sozialrelevante Zwecke im Dritten Reich. Indem die Arbeit in der Lyrik als Opfer und Gottesdienst bestimmt wurde, war es auch Ketzerei, den ›Arbeitsfrieden‹ zu stören: »Verflucht wer die Arbeit stört!« heißt es bei Gerhard Schumann in ›Feier der Arbeit‹.

Hinter der Lobpreisung der Arbeit als Dienst und Opfer steckte die Absicht, dem Klassenbewußtsein der Arbeiterklasse einen Dämpfer aufzusetzen, um eine gehorsame, integrierte Arbeiterschaft zu bilden. [. . .]

Einerseits hat der Nationalsozialismus wesentliche ideologische Züge mit dem konservativen, militaristischen Nationalismus gemeinsam. Andererseits ist es wohlbekannt, daß der Faschismus als Massenbewegung Symbole und Formen der Arbeiterbewegung usurpiert. Es ist aber weniger bekannt, daß er auf ganz entsprechende Weise vom Christentum Inspiration geholt hat. Genau wie der Faschismus eine Reihe von proletarischen Öffentlichkeitsformen uminterpretierte, so wurden auch religiöse Zeremonien ausgenutzt, aber so, daß der religiöse Inhalt nicht länger unmittelbar zu erkennen war. [. . .]

[Der Führer]

Die positive Integration hat ihr Zentrum in der Vorstellung vom Führer. Die Anbetung des Führers ist der Sammelpunkt der Volksgenossen. Der Führer ist das gemeinsame Ideal und die Bindung an diesen ruft Gemeinschaftsgefühle hervor. Die Volksgenossen identifizieren sich miteinander durch die gleiche Liebe zu demselben Objekt.

Das Führer-Image der Lyrik zeigt zwei Haupttendenzen. Einerseits wird der Führer konkret als Vater, Kamerad und als Mensch schlechthin dargestellt. [. . .]

Der Führer tritt als eine Art Sprachrohr des Volkes auf,

indem er das in Worten ausdrücken kann, was in allen latent[9] ist. [. . .]
Zugleich ist er aber als Inkarnation[10] der Macht und der Nation über jede Alltäglichkeit erhoben, und die Lyrik vermittelt vor allem die Vorstellung von einer übermächtigen Persönlichkeit, der gegenüber man sich nur passiv-liebend verhalten kann.
In der kultisch geprägten Feierdichtung wird das Bild des Führers in eine mythisch-religiöse Tradition eingesetzt: Er wird als eine »Reprise[11] vergangener Glanzgestalten« dargestellt. In der Beschreibung des Führers werden Embleme und Symbole von ihrem Erfahrungskontext gelöst und zu einer Erlöserinkarnation zusammengestückelt. [. . .]
Aus dem Raum, den man nur ›ahnen‹ kann, kommt der Führer als eine Offenbarung. Genau wie der absolutistische Fürst vertritt er eine höhere Ordnung, die nicht rational faßbar, sondern ewig und von Gott gegeben ist.
Indem Hitler als Nachfolger religiöser und mythologischer Erlösergestalten beschrieben wird, wird eine ideologische Führermythologie gebildet, die Hitler als Inkarnation der Befreier erscheinen läßt, mit denen die Unterdrückten im Laufe der Zeit ihre Hoffnung auf ein besseres Dasein verbunden haben. Hier ist jedoch die Hoffnung auf eine bessere Zukunft in eine Stabilisierung der Autorität und der Repression verwandelt.
Ob politische oder mythologische Regie – die zugrundeliegenden Strukturen der Führerideologie sind dieselben: Hitler ist die Inkarnation der Macht, und der Volksgenosse versteht sich als sub-jectum, der Aktivität und der Macht des übergeordneten Subjekts unterworfen. [. . .]

[Zerstörung des Bewußtseins]

Indem der Volksgenosse sich dieser Inkarnation der absoluten Macht unterwirft, nimmt er durch seine Identifika-

---

(9)* als Möglichkeit vorhanden.
(10)* Verkörperung.
(11)* Wiederkunft.

tion mit den Symbolen der Macht für sich in Anspruch, an dieser Macht beteiligt zu sein. [. . .]
Gleichzeitig mit der Unterwerfung gibt das Individuum seine eigene problematische Selbständigkeit auf und subordiniert sich der Autorität des Führers. Der Führer bietet dem einzelnen feste Orientierungsmuster in einer amorphen[12] Sozialwelt an und gibt dem Individuum die Möglichkeit, sein eigenes Dasein als sinnvoll – für überindividuelle Zwecke bestimmt – zu verstehen. Von der Identifikation mit den positiven Symbolen aus wird es dem Individuum leichter gemacht, sich zu orientieren und in einer Art und Weise zu handeln, die nicht zu Konflikten führt. Der Faschismus beteiligt sich daran, die Individuen umzugestalten, indem die Machtidentifikation ein neues Selbstverständnis ermöglicht, wobei die Merkmale der Schwäche und das Erlebnis der Machtlosigkeit – mindestens momentan – aus dem Selbsterlebnis entfernt und auf die Fremdgruppe als subjektiv berechtigter Haß projiziert werden.
Unter dem Begriff Selbstverständnis verstehe ich hier die kognitiven Vorstellungen und die emotionalen Selbsterlebnisse des Individuums. Das Selbstverständnis und die Umweltinterpretation bedingen einander so, daß ein verändertes Selbstverständnis zugleich die Wahrnehmung der Welt und die Handlungen im Verhältnis zur Welt berührt. Mit ihrem operativen Eingriff in das Selbstverständnis der Massenindividuen versetzt die faschistische Weltanschauung sie in die Lage, ihre eigene Erlebniswelt umzuinterpretieren und dadurch anders zu agieren, als sie es individuell getan hätten. Ein stereotypisiertes Selbstverständnis ist zugleich ein stereotypisiertes Erlebnis der Welt, weil die Welt ausschließlich in den Kategorien aufgefaßt wird, die die Selbstinterpretation erlaubt. Je mehr die Individuen auf ihre eigene Selbstinterpretation fixiert sind, desto mehr wird die Welt als stereotypes Symbol des Guten und des Bösen erscheinen. Immer weniger wird die Welt eine selbstgültige Realität und immer mehr wird sie zum Projektionsraum des subjektiven Selbstinterpretations- und

---

(12)* hier: unübersichtlich.

Selbstbestätigungsbedarfs reduziert. Dadurch wird die Fähigkeit zur Erfahrungsbildung gelähmt. Die Welt liegt als schon interpretiertes Material vor, und neue Erlebnisse machen nur in dem Umfang Eindruck, wie sie das gegebene Muster bestätigen. [...]

Die Stereotypisierung des Bewußtseins läßt sich anhand der lyrischen Sprache leicht feststellen. Wie aus den zitierten Gedichten hervorgeht, ist die faschistische Lyrik vor allem von einem sprachlichen Leerlauf gekennzeichnet, von Wiederholungen, Worthäufungen und einem Übermaß an rhetorischen Stilmitteln. Die Sprache ist nicht realitätsbezogen, sondern symbolbezogen: an die Stelle der verlorengegangenen oder verdrängten Realität treten ideologische Begriffe und emotionalisierte Symbole, die eine eigenartige Metaphorik[13] bilden. Die Sprache hat vor allem die Funktion, Emotionen hervorzurufen.

In der Lyrik haben die Symbole und Embleme die Vernunft getötet. Die faschistische Lyrik handelt u. a. davon, wie die Wahrnehmung der Wirklichkeit entstellt wird, weil feste und wiederkehrende Symbole der Stärke, der Gemeinschaft und des Guten die Vernunft verdrängen. Die faschistisce Lyrik kommuniziert nicht auf einer Ebene, wo der Intellekt eine Chance hat, Widerstand zu leisten, sondern auf einer Ebene, auf der allein an die Primärprozesse[14] appelliert wird.

Wie es sich auch in der Lyrik gezeigt hat, vernichtet die Ideologie die Fähigkeit, die Welt als eine selbstgültige Realität zu erleben und zu verstehen. Dies muß in Betracht gezogen werden, wenn man versuchen will, die sonst unverständliche Brutalität der faschistischen Politik zu erklären. [...]

Elin Fredsted: Die politische Lyrik des deutschen Faschismus. In: Nationalsozialismus und Literatur. Text und Kontext 8.2. Fink Verlag, Kopenhagen und München 1980, S. 360 ff. Ausschnitte.

---

(13)* Bildlichkeit.
(14)* unbewußte Wahrnehmungen.